Cultura, no seu sentido amplo, antropológico, é tudo o que o homem cria e recria

PAULO FREIRE (1979)

Não há verdadeira educação sem arte, nem verdadeira arte sem educação

LUIS CAMNITZER (2007)

Um roteiro interativo/indicativo para explorar este livro

PREFÁCIO — 5

1. CONVERGÊNCIA E MOBILIDADE — 7
   1.1 O celular e a sociedade — 8
   1.2 No olho do furacão da "Cultura Mobile" — 9

2. CULTURA MOBILE NO BRASIL E NO MUNDO — 15
   2.1 A vida e o mundo na mão — 16
   2.2 Um país se conectando: o celular na nossa vida, todo dia — 18
   2.3 O que é mobile — 21
   2.4 A história e a evolução do celular no Brasil e no mundo — 22
   2.5 O Brasil entra na dança das gerações de celulares — 24
   2.6 Convergência: um aparelho multifuncional — 26
   4.7 As sete mídias de massa — 33
   2.8 Revoluções móveis por minuto: ativismo e democratização da comunicação — 34
   2.9 Daqui para o futuro — 38

3. EDUCAÇÃO MÓVEL — 39
   3.1 Novas possibilidades de ensino-aprendizagem — 42
   3.2 Legislação e regras de uso do celular na escola — 45
   3.3 Mobile Learning: aprendendo e compartilhando em movimento — 48
   3.4 TICs nas educação: concepções e métodos — 52
   3.5 Educadores e as TICs — 56
   3.6 As TICs, o projeto político-pedagógico e os líderes — 60

4. O PAPEL DO EDUCADOR NA ERA DIGITAL — 65

4.1 Desafios para educar a "Geração Mobile" — 68

4.2 Possibilidades práticas para educadores — 69

4.3 Dicas para experimentar — 71

4.4 Compartilhando algumas experiências mobile — 72

4.5 Aplicativos que potencializam o celular — 76

5. MINHA VIDA MOBILE - MVMOB — 79

5.1 Construção Interativa de Conhecimento — 80

5.2 Ressignificação do celular: o aparelho — 81
como ferramenta cultural e pedagógica

5.3 Inclusão criativa e democratização do acesso — 82

5.4 Inovação Educativa — 83

5.5 Educadores móveis e a "Geração Mobile" — 85

6. CIDADANIA MOBILE: SUSTENTABILIDADE, — 93
SAÚDE, MEIO AMBIENTE E ÉTICA

6.1 Sustentabilidade móvel — 94

6.2 Impactos na saúde — 95

6.3 Reciclagem de celulares — 96

6.4 A ética digital — 97

GLOSSÁRIO MOBILE — 99

REFERÊNCIAS (BIBLIOGRAFIA, LINKS, FILMES) — 113

PREFÁCIO

Uma das definições de movimento na Wikipédia aborda a noção de mudança na realidade. Transformação, revolução, reestruturação da ordem constituída são algumas ações que definem o MVMob em todas as suas diferentes experiências, relatadas aqui por Merije.

Antes de toda essa transformação, o MVMob quebra, destrói, altera paradigmas. Em uma espécie de "revolução positiva", traz o simples para um mundo complexo e, ao mesmo tempo, simplifica esse mundo. Quando traz o celular como uma ferramenta para a educação, recontextualiza um objeto que já é tão simples e cotidiano para os alunos. Para o professor, que quer sempre melhorar sua prática e inovar na educação, a proposta do MVMob simplifica o desafio, mostrando caminhos.

Já conhecia e acompanhava o trabalho do MVMob, mas conheci Wagner Merije em um debate do Encontro Internacional Educarede de 2011, chamado "Desafios da Mobilidade – O uso de laptops, tablets e celulares na educação". Por ter editado o blog UCA-SP, conhecia o uso dos laptops educacionais, mas nem sempre o diálogo com outros projetos que usam celulares e tablets centra-se no mais importante. Esta foi uma das poucas vezes em que percebi que o diálogo centrou-se no mais importante: como melhorar a educação.

No debate com participação de internautas de diversos países e mediação de Wagner Merije, mostrou-se que a preocupação da educação com tecnologia deve ir além dos dispositivos. A reflexão sobre intencionalidade pedagógica, sobre o planejamento das atividades com tecnologia, deve ocupar o palco central. É notável como aqueles que deveriam estar preocupados em primeiro lugar com o planejamento das atividades em educação e tecnologia, tais como universidades e governos, estão tão pouco mobilizados para tal.

A mobilização, na atividade do MVMob, é como um despertar, que envolve alunos e professores num processo de reflexão sobre o cotidiano e como a tecnologia nos envolve. Mobilizar não é apenas trazer em torno de um ideal, mas criar ações concretas, transformar processos.

A educação freiriana, referida no trabalho do MVMob, é a educação emancipatória, com professores e alunos como protagonistas do processo de apropriação das tecnologias com finalidades pedagógicas. Esse protagonismo também ultrapassa o espaço da escola e coloca seus atores como cidadãos, criadores de uma nova realidade.

Mudanças da realidade como a causada pelo MVMob precisam e devem existir cotidianamente na escola. Movimento que se repita e se amplie, para o bem da educação brasileira.

São Paulo, 20 de maio de 2012

▶▶ Renata Aquino Ribeiro

Graduada em Comunicação Social – Jornalismo pela Pontifícia Universidade Católica de São Paulo (1998) e Mestre em Artes – Hipermídia na University of Westminster (2003), reconhecido no Brasil pela Universidade de São Paulo (USP). Cursa o doutorado do Programa de Pós-Graduação em Educação Currículo na PUC-SP, onde é parte da comissão organizadora do evento Web Currículo.
Foi pesquisadora do Projeto UCA – PUC-SP e atualmente é coordenadora de projetos na área de educação e tecnologia do Instituto Crescer para a Cidadania.

Convergência e Mobilidade

"Conhecer é tarefa de sujeitos, não de objetos. E é como sujeito e somente enquanto sujeito, que o homem pode realmente conhecer."

PAULO FREIRE

O celular e a sociedade

A União Internacional de Telecomunicações considera que o celular é a tecnologia mais rapidamente adotada na história da humanidade.

E os números estão aí para comprovar. No mundo, já são quase quatro bilhões de aparelhos em uso. Praticamente todos os países estão cobertos por alguma operadora de celular.

Hoje o Brasil tem mais telefones celulares do que habitantes, e já somos o quinto país com maior número de celulares e acessos móveis, conforme veremos no capítulo Cultura Mobile no Brasil e no mundo.

> *As novas Tecnologias de Informação e Comunicação (TICs), com destaque para o celular, têm criado, de forma cada vez mais intensa e rápida, novas possibilidades para diferentes setores da sociedade.*

Nas áreas da educação e da cultura, que principalmente analisaremos neste livro, muitas transformações têm ocorrido.

Compreender e avaliar os impactos dessas tecnologias no passado, presente e futuro tornou-se uma necessidade, especialmente para aqueles comprometidos com a construção de uma sociedade mais justa, equilibrada, criativa e participativa.

A educação, obrigatoriamente, deve acompanhar essas transformações, não só das tecnologias, mas da sociedade. Ou então se distanciará cada vez mais do mundo real.

Há alguns anos, ouvi de um professor uma frase em forma de lamento: "As mudanças na educação são muito lentas. Tudo muda antes em outras áreas e só depois acontece na área de educação!" Por mais paradoxal que possa parecer, a pergunta incomoda. Não seria a educação a chave para as mudanças? Há uma relação dialética entre elas!

Nem pessimista nem otimista demais, o que vemos são muitas mudanças acontecendo.

CAPÍTULO 1 | Convergência e Mobilidade

Entre as tantas mudanças almejadas e os projetos em curso para a melhoria da educação no Brasil, uma questão chama a atenção: muito se fala em investir em tecnologia e interatividade. Cada vez mais escolas investem nessa área. As Tecnologias da Informação e da Comunicação (TICs) estão na moda e são cada vez mais úteis.

Nesse cenário, como o número de celulares hoje no Brasil é quase três vezes maior do que o de computadores, o aparelho vem ganhando papel de destaque, pela presença massiva nas escolas e nas mãos de representantes de todas as classes sociais. Saber lidar com o celular na escola e usá-lo a nosso favor é um dos desafios da atualidade. As possibilidades são estimulantes, como se pode perceber em várias iniciativas e projetos em andamento que serão apresentadas ao longo deste livro.

▶▶ **Com criatividade, já é possível construir sistemas e aplicativos a custos baixos, que conectem a escola com a comunidade do entorno e com o mundo, de forma a facilitar a vida de educadores, estudantes e familiares.**

Se olharmos com carinho para a tecnologia e a cultura, a educação melhorará mais rapidamente. Muitos são os caminhos, mas todos apontam para a necessidade de adequar os currículos dos cursos de Pedagogia à realidade da sala de aula. A realidade é que a mobilidade é um caminho sem volta!

No olho do furacão da "Cultura Mobile"

O primeiro modelo de aparelho celular foi apresentado em 1973. No Brasil a telefonia móvel começou a operar em 1990, e no início dos anos 2000 ter um celular virou febre no país. De lá para cá os *mobilephones*, ou telefones móveis, ganharam popularidade mundial e viraram tema de acalorados debates em toda parte. Em consequência disso, vêm chamando a atenção, especialmente na área educacional.

Foi enveredando pelos caminhos do destino, pela relação com educadores na família e, principalmente, a partir da idealização do projeto cultural e educativo **Minha Vida Mobile – MVMob**, que acabei me vendo inteiramente ligado à educação.

> *"Ninguém educa ninguém, ninguém educa a si mesmo, os homens se educam entre si, mediatizados pelo mundo"*
> **PAULO FREIRE**

Fui descobrindo as coisas pelo caminho, e foi pensando em compartilhar um pouco do que aprendi que empreendi esforços para pesquisar e escrever este livro, mais como reflexões.

O início desse processo se deu em dezembro de 2008, quando, depois de participar, como convidado, do evento *MobileExperts*, em São Paulo, fui até a Livraria Cultura da Avenida Paulista com alguns dos participantes para um café. Lá resolvi procurar por algum livro que tratasse do universo mobile e do celular. Nos arquivos e estantes daquela que é uma das maiores livrarias do país apareceram 338 títulos. Para minha surpresa, nenhum em Língua Portuguesa. Como jornalista, gestor cultural de conteúdos mobile e arte-educador, senti falta, naquele momento em que buscava referências teóricas, de dados reunidos e impressos em forma de livro (formato, inclusive, contestado pela advento das novas mídias).

Nessa hora, passou pela cabeça o filme de como muitas coisas a gente aprende na prática, fazendo, inventando. Foi o meu caso, já fazia onze anos que eu havia me encantado com o tal do celular e seis anos que trabalhava criando conteúdos e soluções para o uso criativo do aparelho.

"Cultura Mobile" era o que eu respondia para quem me perguntava com o que eu trabalhava no início dos anos 2000. Ela emerge em volta dos aparelhos de telefonia móvel e mistura criação artística audiovisual com jornalismo, *marketing*, alta tecnologia de compactação de dados e operacionalização de sistemas, com o objetivo de produzir informação e entretenimento para ser acessado via celular.

O laboratório dessa experiência foi a *Takenet*, uma empresa criada por jovens visionários que perceberam nos primeiros aparelhos celulares um va-

CAPÍTULO 1 | Convergência e Mobilidade

zio que poderia ser preenchido por conteúdos como jogos, músicas, notícias, vídeos e uma infinidade de outros itens.

Ao ser convidado para trabalhar lá, recebi uma ligação no meu celular, por parte de um dos diretores, dizendo: "nosso desafio é ajudar a construir um novo mundo de possibilidades dentro do celular, já em plena ebulição nos Estados Unidos, Europa e Ásia, mas ainda engatinhando no Brasil".

Com disposição, passei a estudar e pesquisar sobre o universo mobile. De todo lado surgem inovações para "turbinar" os aparelhos. Em pouco tempo, essas novidades começaram a atrair massas de interessados, revelando muito do potencial do celular. O sucesso dos ringtones (aquelas primeiras campainhas para celulares em sons monofônicos e polifônicos) no Brasil, por exemplo, foi tão grande que em 2004 uma marca histórica foi atingida: naquele ano a empresa Takenet vendeu cinquenta milhões dessas campainhas. Nunca antes esse número de venda de músicas havia sido atingido por outra empresa da área de música no Brasil, seja ela nacional ou multinacional. Logo a Take, como a chamávamos, assumia a posição de maior produtora de conteúdos para celular do país - até ser vendida para uma empresa concorrente japonesa em 2005.

À frente do Departamento de Gestão de Conteúdo daquela empresa, participei do desenvolvimento de projetos mobile para praticamente todas as operadoras de telefonia móvel do Brasil, muitas da América Latina, Estados Unidos e de outros países, para as fabricantes de aparelhos, para gravadoras e editoras de música, para portais de internet, para canais de TV, para revistas, para times de futebol, para agregadores de conteúdos, entre outros parceiros. E para eventos, festivais etc. Também colaborei para a criação da primeira revista de música no celular, da qual fui editor entre 2003 e 2004.

Na verdade, meu primeiro contato com um celular se deu em 1996, em Londres, Inglaterra, uma das cidades mais conectadas do mundo, onde passei uma temporada estudando Comunicação e Gestão Cultural. Lá, naquela ocasião, a segunda geração de celulares, menores e mais baratos, já fazia o maior sucesso e os aparelhos eram bastante acessíveis, até mesmo para um jovem estudante como eu.

A novidade me conquistou e, desde então, passei a ser um atento observador de suas possibilidades, uma testemunha ocular e sensorial de sua evolução e um *hard user*, como se referem a quem usa muito um aparelho.

Quando voltei para o Brasil, em 1997, poucas pessoas tinham acesso aos aparelhos, ainda muito caros e pesados. Para se ter uma ideia, nem mesmo a internet havia se popularizado no país.

De lá para cá, muita coisa mudou no universo e na "Cultura Mobile". No ano de 2005, em meio à febre dos conteúdos para celulares no Brasil e ao barateamento do custo dos aparelhos, fui procurado por alguns educadores, com convites para palestras em universidades e escolas de ensino médio. A curiosidade sobre os celulares era muita e as reclamações também. Alguns estavam apavorados com o uso indiscriminado dos aparelhos e acessórios durante as aulas e já se viam em conflitos com os educandos. A pergunta que muitos faziam (e ainda fazem) era:

Como lidar com o celular na escola?

Com essa questão em mente, reuni colegas de trabalho, educadores, estudantes e profissionais de cultura em um grupo de pesquisas. Nesse mo-

CAPÍTULO 1 | Convergência e Mobilidade

mento eu buscava um trabalho com o celular voltado para a criatividade dos sujeitos, diferente do que fazia antes, que era focado no consumidor.

A proposta colocada foi tentar descobrir e propor usos criativos para o celular, justamente no momento em que o aparelho se tornava um vilão nas salas de aula. A expectativa era tentar reverter o quadro e, ao mesmo tempo, criar propostas para uma melhor formação cultural dos jovens, com o apoio da tecnologia e da arte. Surgia o projeto cultural e educativo **Minha Vida Mobile – MVMob**, do qual trataremos no capítulo de mesmo título.

Compreender o que é, como funciona e para que servem as novas tecnologias é fundamental para uma educação comprometida com as questões sócio-históricas e a formação de cidadãos.

Este trabalho é um convite à reflexão sobre o papel do celular na vida cotidiana, na inclusão digital, nos processos de comunicação, seu impacto e possibilidades na educação.

No capítulo "Cultura Mobile no Brasil e no mundo" você encontrará informações sobre o surgimento e o apogeu do celular e o impacto causado por ele em nossas vidas e no dia a dia.

No capítulo "Educação móvel" a mobilidade na educação está em foco, além da relação dos educadores e educandos com as TICs e o projeto político-pedagógico das escolas.

Em "Papel do educador na era digital", abordamos os desafios para educar a "Geração Mobile", compartilhando experiências e dicas.

Em "Cidadania Mobile", questões como consciência e ética são trazidas à tona, como chamamento à responsabilidade de todos.

Siglas, expressões, termos em línguas estrangeiras e palavras específicas podem ser mais bem compreendidas com as informações adicionais em "Glossário Mobile".

Para os interessados em se aprofundar nesses temas, em "Referências" indico obras, autores e outros conteúdos que podem nos ajudar a compreender as informações aqui presentes.

Façam bom proveito! E compartilhem com outros colegas, amigos, familiares e quem mais tiver um celular em mãos.

PS.: As novidades não param.

Enquanto estávamos finalizando este trabalho, e como era de se prever, novas informações e descobertas não pararam de vir a público, e muitas até conseguiram um espaço neste livro, nesta história em processo. Nesse ritmo, é provável que muito do que está registrado neste livro venha a passar por atualizações – de dados, estatísticas e pontos de vista.

Como o filósofo e matemático grego Platão uma vez disse, "não me envergonho de mudar. Porque não me envergonho de pensar".

Além de informar, esclarecer, contextualizar, neste livro buscamos abordar as possibilidades de uso do celular aplicado na prática educativa, sempre com a filosofia freiriana.

Brasil, verão de 2012

Cultura Mobile no Brasil e no Mundo

NESTE CAPÍTULO CONVIDAMOS você para uma viagem pelo universo mobile para que possa conhecer a história e tudo que está por trás desses incríveis aparelhos móveis de comunicação e outras tantas funcionalidades.

A vida e o mundo na mão

Há 22 anos, em 1990, o celular chegou ao Brasil. Nesse tempo mudou a forma como o brasileiro se comunica e se relaciona com o mundo.

Hoje, com mais de 245 milhões de linhas de celulares ativas (Agência Nacional de Telecomunicações - Anatel, fevereiro 2012), o Brasil tem mais telefones do que habitantes (192 milhões de habitantes, estimativa do IBGE, 2010) e já somos o quinto país do mundo com maior número de celulares e acessos móveis, segundo a Organização das Nações Unidas (ONU).

No mundo, já são quase quatro bilhões de aparelhos em uso, o que equivale a mais da metade dos sete bilhões de habitantes. Praticamente todos os países estão cobertos por alguma operadora de telefonia celular.

Somente em janeiro de 2012, foram 2,9 milhões de novas linhas ativadas, sendo o maior crescimento dos últimos treze anos.

A Cisco, fabricante e vendedora de eletrônicos, fez uma análise do tráfego global móvel e chegou a alguns dados surpreendentes. Entre eles está o de que o número de celulares deverá ultrapassar o número de seres humanos em 2012.

A pesquisa da Cisco também diz que mais de cem milhões de smartphones, os telefones inteligentes, pertencerão ao "grupo dos gigabytes" em 2012, ou seja, que consomem mais de 1GB de dados por mês. Achou muito?

Outras previsões da Cisco apontam que, em 2016, o tráfego mensal de dados será superior a 10 exabytes (10 milhões de terabytes), ou quase 130 exabytes por ano, o equivalente a 33 bilhões de DVDs. Naquele ano, haverá 1,4 dispositivos móveis para cada pessoa do planeta, o que significa 10 bilhões de aparelhos na face da Terra.

CAPÍTULO 2 | Cultura Mobile no Brasil e no mundo

Todo esse milagre da multiplicação está ligado ao fato de que as redes de celular, além de permitirem comunicação através da fala e de mensagens, servem cada vez mais para trocar dados – isto é, acessar a internet –, e os aparelhos celulares servem, cada vez mais, para fazer outras coisas além da comunicação, como tocar música, tirar fotos, fazer vídeos, gravar áudios, ouvir rádio, ver TV, despertar, anotar lembretes, jogar, calcular, fazer conversão de medidas, acessar dicionários e tradutores, ler códigos de barras, pagar contas etc. Mas não para por aí.

Nos últimos anos, os aparelhos celulares têm ganhado recursos surpreendentes, até então não disponíveis para aparelhos portáteis, tais como GPS e videoconferências. Agora, com a febre dos aplicativos, como leitores de livros eletrônicos (*m-books*), simuladores de instrumentos musicais, de medidores de pressão, avaliadores de taxa de colesterol, entre outras inúmeras aplicações, passando pelas conexões IrDA (infravermelho) ou bluetooth, que permitem o envio de dados entre telefones, com todas essas possibilidades, os aparelhos estão virando máquinas sem limites.

Os smartphones estão se tornando cada vez mais populares por sua versatilidade, funcionalidade e tamanho. Em sua evolução, foram pensados como plataformas multimídia.

Para muitos jovens, o smartphone está virando o primeiro computador, pela convergência de funcionalidades, pelo preço e, principalmente, pela mobilidade.

17

Quatro em cada dez brasileiros usam seus celulares para ouvir música, jogar games ou acessar seus e-mails, atividades além das simples ligações de voz ou das mensagens de texto. O dado, de uma pesquisa publicada em dezembro de 2011 pelo instituto norte-americano Nielsen, comprova um fato: em pouco tempo, o celular mudou e continua mudando o dia a dia do brasileiro.

Um país se conectando: o celular na nossa vida, todo dia

Segundo dados da Anatel, o Brasil terminou janeiro de 2012 com 50,8 milhões de celulares 3G (smartphones). A consultoria Informa Telecoms & Media estima que eles serão 192 milhões em 2015, e os telefones inteligentes representarão quase 4 em cada 10 (37,5%) dos 268 milhões celulares que se prevê em atividade, no Brasil, em quatro anos.

Apesar dos números, não se pode afirmar que todos os brasileiros têm um telefone celular. Em algumas capitais e cidades grandes, já é comum mais de uma linha por usuário (podem estar instaladas em aparelhos distintos ou no mesmo aparelho, nos modelos para dois ou mais chips). Entre os entraves para o crescimento do mercado brasileiro estão o preço das tarifas de voz e dados, entre os mais altos do mundo, e a velocidade dos modems *3G*, que deixa a desejar.

Mas, os dados revelam o estrondoso crescimento do número de pessoas portando um ou mais desses aparelhos sempre à mão, em todos os lugares, classes e idades.

Na escola, no trabalho, por toda parte, o celular virou objeto de desejo e de consumo de crianças, jovens e adultos e, como não poderia deixar de ser, motivo de polêmicas (das quais falaremos mais à frente).

CAPÍTULO 2 | Cultura Mobile no Brasil e no mundo

Vale comparar os números do universo dos celulares com os de computadores e da internet no Brasil.

Em maio de 2011, eram cerca de 85 milhões de computadores em uso no Brasil, segundo a Fundação Getúlio Vargas (FGV), devendo chegar a 100 milhões em 2012.

O Brasil também ocupa o quinto lugar no ranking mundial em número de conexões à internet.

De acordo com a Fecomércio-RJ/Ipsos, o percentual de brasileiros conectados à internet aumentou de 27% para 48%, entre 2007 e 2011. O principal local de acesso é a *lanhouse*, seguido da própria casa, da casa de parentes ou amigos, do ambiente de trabalho e a partir de faculdades e universidades.

> *O número de pessoas com acesso à internet no Brasil chegou a 78 milhões de habitantes, segundo dados do Ibope Nielsen Online (a partir de dezesseis anos - setembro/2011).*

Esses números estão em crescimento, impulsionados pelos planos do governo brasileiro de oferecer acesso a mais locais no país, por meio do Plano Nacional de Banda Larga.

O total de acessos em banda larga no Brasil chegou a 40,9 milhões em abril de 2011, segundo balanço da Associação Brasileira de Telecomunicações (Telebrasil). O levantamento considera a banda larga fixa e móvel, incluindo os modems de acesso à internet e os telefones celulares de terceira geração (3G). O número de novos acessos vem crescendo a uma taxa de cerca de 50% ao ano.

Se considerado exclusivamente o avanço nos acessos móveis, a evolução foi de 77,7%, entre abril de 2010 e abril de 2011, puxada pela popularização dos smartphones e modems 3G, além das vendas de tablets. O número de modems de acesso à internet pela rede móvel já passa dos oito milhões. Nos celulares 3G, que permitem conexão à internet rápida, o número de acessos saltou de 9,2 milhões no final de 2010 para mais de 22 milhões no final de 2011.

Na banda larga pelas redes de telefonia fixa, o crescimento, no mesmo período, foi de 24,7%.

Os números colocam o Brasil na oitava posição do mercado mundial de banda larga móvel e em nono lugar entre os países com o maior número de conexões fixas.

No Brasil, segundo cruzamentos de dados das pesquisas mais recentes, mais de 46 milhões de usuários acessam regularmente a internet. 38% das pessoas acessam a internet diariamente; 10%, de quatro a seis vezes por semana; 21%, de duas a três vezes por semana; 18%, uma vez por semana. Somando, 87% dos internautas brasileiros entram na internet semanalmente.

Segundo análise do Ibope *NetRatings,* o ritmo de crescimento da internet brasileira é intenso. A entrada da classe C para o clube dos internautas deve continuar a manter esse mesmo compasso forte de aumento no número de usuários residenciais.

A velocidade média dos acessos em banda larga fixa também vem aumentando, passando de 1 megabit por segundo (Mbps) (dados de agosto de 2010) para 1,7 Mbps (dados do terceiro trimestre de 2011).

Já a velocidade das conexões em banda larga móvel - via celular ou por modems 3G – cresceu mais de 70% no ano passado, chegando a 1 Mbps, em média.

Vivemos sob conexão e em conexão com outros, vivemos a partir do mundo digital, e este, sempre acompanhado de mídias e dispositivos em formatos diversos, nos acrescenta novas funções de comunicação.

CAPÍTULO 2 | Cultura Mobile no Brasil e no mundo

Servimo-nos, em nosso cotidiano, dos recursos possíveis à comunicação e à informação, e é cada vez mais do celular que nos valemos para comunicar e conversar, ouvir música, acessar notícias, assistir a vídeos, realizar transações, compartilhar, informar e produzir conhecimento.

> ▶▶ De fato, o advento da internet e do celular favoreceu o desenvolvimento de uma cultura de uso das mídias e, por conseguinte, de uma configuração social pautada num modelo digital mobile de pensar, criar, produzir, comunicar, aprender, enfim, viver.

Os dias atuais são pautados pela comunicação e pelo gerenciamento da informação, e isso se estabelece de forma totalmente diferenciada daquela dos tempos iniciais da internet, nos anos 1990, e da utilização dos computadores pessoais até a mesma época.

Ao considerarmos o contexto da evolução histórica das mídias, o rádio, a televisão, o cinema, o computador e a internet têm importância de destaque para a vida midiática e midiatizada pela informação. Já a evolução tecnológica – o computador, a internet e, principalmente, o celular – é a principal responsável por vivermos imersos num modelo social totalmente inovador, do ponto de vista da comunicação: estamos falando da mobilidade. A relação tempo-espaço está mudando drasticamente.

Para se compreender o cenário atual é preciso entender melhor o universo mobile.

O que é mobile

Eles podem funcionar *offline*, sem conexão com a internet, ou online, conectados via satélite, celular ou rádio-transmissores.

Para evitar dúvidas, é bom lembrar que, na escultura, o móbil ou móbile (com acento agudo) é um modelo abstrato que tem peças móveis,

> O termo mobile implica portabilidade, mobilidade. Pronuncia-se "mobail". Aplica-se a equipamentos que facilmente viajam com você.

21

suspensas, impulsionadas por motores ou pela força natural das correntes de ar. E, no mundo das crianças, móbile é um brinquedinho que se pendura no berço, para estimular os sentidos do bebê.

Um *mobilephone*, conhecido no Brasil como telefone celular e em Portugal como telemóvel, é um aparelho de comunicação por ondas eletromagnéticas que permite a transmissão bidirecional de voz e dados em uma área geográfica que se encontra dividida em células (de onde provém a nomenclatura celular), cada uma delas servida por um transmissor/receptor.

Cada célula é o raio de ação de cada uma das estações base (antenas de emissão/recepção) do sistema, e o fato de elas estarem contíguas faz com que a representação da rede se assemelhe a uma colmeia.

A história e a evolução da telefonia celular no Brasil e no mundo

A história do telefone nos remete ao físico alemão Heinrich Hertz, que, em 1888, foi pioneiro na transmissão de códigos pelo ar. A descoberta tornou-se importante para a idealização de rádio-transmissores. Além disso, proporcionou a primeira ligação por telefonia entre continentes, ocorrida no ano de 1914.

A partir daí, estudiosos e empresas iniciaram testes e se empenharam no desenvolvimento da tecnologia de comunicação à distância.

A mãe do celular foi uma atriz de Hollywood, a austríaca Hedwig Kiesler, mais conhecida pelo nome artístico de **Hedy Lamaar,** estrela do clássico *Sansão e Dalila*, filme de 1949.

Inteligente, curiosa, casada com um austríaco fabricante de armas, Hedwig mudou-se para os Estados Unidos durante a Segunda Guerra Mundial. Lá, ficou sabendo que alguns torpedos teleguiados da

CAPÍTULO 2 | Cultura Mobile no Brasil e no mundo

Marinha Americana haviam sido interceptados por inimigos.

Em 1947, nos Estados Unidos, o laboratório Bell desenvolveu um sistema telefônico de alta capacidade, interligado por diversas antenas, sendo que cada antena era considerada uma célula. Por isso o nome de "celular".

O primeiro celular foi desenvolvido pela empresa sueca Ericsson, em 1956, denominado Ericsson *MTA (Mobilie Telephony A)*, apresentado como um "sistema automático de telefonia móvel". O Ericsson *MTA* pesava cerca de quarenta quilos e foi desenvolvido para ser instalado em porta-malas de carros.

> *Refletindo sobre tal fato, Hedy, como ficou conhecida, se empenhou na criação de um sistema em que duas pessoas pudessem se comunicar mudando o canal, para que a conversa não fosse interrompida. Essa foi a primeira concepção do celular.*

A primeira rede comercial de celular foi instalada pelo laboratório Bell em Chicago, Estados Unidos, em 1970.

Dois anos depois a telefonia móvel foi introduzida no Brasil, por meio de um sistema anterior à tecnologia celular, de baixa capacidade, batizado de *IMTS (Improved Mobile Telephone System)*. Instalado em Brasília, esse sistema continha apenas 150 terminais.

A empresa americana Motorola passou a desenvolver seu modelo de celular e no dia 3 de abril de 1973, em Nova York, apresentou o Dynatac 8000X. Usando esse modelo, ocorreu a histórica primeira ligação de um aparelho celular fora de um carro, realizada por **Martin Cooper**, diretor de sistemas de operações da empresa. O aparelho tinha 25 cm de comprimento e 7 cm de largura, além de pesar cerca de 1Kg.

23

O primeiro serviço comercial de telefone celular foi lançado no Japão pela empresa NTT em 1978.

Em 1979, a telefonia celular entrou em operação naquele país e na Suécia, e em 1983 nos Estados Unidos.

Pouco tempo depois, em 1989, já existiam quatro milhões de assinantes de serviço de telefonia móvel em todo o mundo.

O Brasil entra na dança das gerações de celulares

Em 1984 deu-se início no Brasil à análise de sistemas de tecnologia celular. Entre as possibilidades existentes na época, as autoridades adotaram o padrão americano, analógico, batizado de *AMPS* (*Advanced Mobile Phone System*), ou Sistema de Comunicação de Telefonia Celular, correspondente à primeira geração – 1G (do inglês *first generation*), já antiga para a época. O mesmo modelo foi implantado, também, em todos os outros países do continente americano e em alguns países da Ásia e Austrália.

Em 1990, o Rio de Janeiro é a primeira cidade brasileira a usar a telefonia móvel celular, seguida de Brasília e Salvador, em 1991.

Em 1993, depois de Campo Grande, Belo Horizonte e Goiânia, houve a inauguração da telefonia móvel em São Paulo e, em novembro daquele mesmo ano, a Telesp Celular lançou o seu celular digital.

Enquanto isso, no mundo, logo no início da década de 1990, as fabricantes já estavam prontas para lançar novos aparelhos, menores e mais leves.

A segunda geração de aparelhos (2G) não traria apenas novos modelos, mas também iria aderir a novos padrões de comunicação. Esses padrões, todos digitais, eram *TDMA (Time Division Multiple Access)*, sistema que divide os canais de frequência em até seis intervalos de tempo diferentes e cada

CAPÍTULO 2 | Cultura Mobile no Brasil e no mundo

usuário usa um espaço específico, para impedir problemas de interferências; *CDMA (Code Division Multiple Access)*, que permite o acesso de muitos usuários, simultaneamente, em um único canal de estação rádio-base, aumentando assim a capacidade da rede. Essa tecnologia compete diretamente com a GSM. A grande desvantagem é que os celulares que operam/operavam em *CDMA* são/eram mais suscetíveis a clonagem. Já o GSM (*Global System for Mobile Communication*), sistema desenvolvido na Europa e adotado em boa parte do mundo, diferencia-se das outras tecnologias pelo uso de cartões de memória ("chips") nos aparelhos, que possibilitam levar as características do assinante para outro aparelho ou rede GSM.

A segunda geração da telefonia móvel durou aproximandamente até a virada do milênio.

> ►► **Um recurso indispensável, para muitas pessoas, é o serviço de mensagem de texto (conhecidas como SMS ou torpedos). Poucos sabem, mas a primeira mensagem de texto foi enviada no ano de 1993, através de uma operadora da Finlândia. Aqui no Brasil, demorou muito para chegar essa tecnologia, afinal, as operadoras brasileiras ainda estavam pensando em instalar telefones fixos para os clientes.**

As mensagens de texto na época eram limitadas a poucos caracteres e não permitiam a utilização de acentos ou caracteres especiais. Além disso, era difícil poder utilizar o serviço de SMS, porque era necessário que, além do seu celular, o do destinatário fosse compatível com a tecnologia. Os celulares capazes de enviar mensagens de texto geralmente vinham equipados com um teclado alfanumérico; afinal, o aparelho deveria compreender letras além de números.

O primeiro celular a permitir conectividade com a internet e e-mail sem fio, o Nokia Communicator, foi lançado em 1996, criando uma nova categoria de aparelhos multiuso, chamados smartphones (telefones inteligentes).

> *O primeiro serviço celular digital só começou a operar no Brasil em 17 de novembro de 1997, em Brasília.*

Ainda em 1997, com a abertura de mercado de telefonia digital móvel no país, o espectro de frequência foi divido em duas Bandas: a Banda A (825.03-834.99 MHz, abrangendo os canais de 1 a 333) e a Banda B (845.01-846.48 MHz, abrangendo os canais de 334 a 666).

Em 19 de maio de 1998, foram ativados os primeiros celulares digitais da região metropolitana de São Paulo.

Na realidade, o Brasil só entrou mesmo para a telefonia móvel digital (2G) em 1998. Até então, porém, era preciso se cadastrar e esperar até dois anos para receber uma linha, e ainda depositar cerca de sete mil reais (cerca de US$ 3,5 mil) para ter um "tijolão", como os aparelhos foram prosaicamente chamados no país.

Naquela época, a "Cultura Mobile" começou a ganhar corpo com a criação e lançamento de novos serviços e produtos para personalizar os aparelhos. Novas empresas entraram no negócio, oferecendo diversos conteúdos, com especial atenção para os ringtones (as primeiras campainhas dos celulares), cujo espectro sonoro oferecido ia desde simulação de músicas conhecidas a todo tipo de ruído e invenção sonora. Junto com eles, surgiram os protetores e descansos de tela e uma infinidade de outros itens, que eram apresentados e comercializados como pacotes de informação e entretenimento nos aparelhos.

Logo depois vieram os *truetones*, que eram campainhas de poucos segundos com pedaços das músicas originais, e o comércio e o consumo de música ganhou grande impulso via celulares, que foram adotados com entusiasmo como tocadores de áudio.

Convergência: um aparelho multifuncional

Parecia que tudo estava o máximo para os usuários, mas ainda faltava algo para que o celular ficasse completo: as cores. Os aparelhos com dispositivos monocromáticos simplesmente não transmitiam tudo o que nossos olhos podiam perceber.

Logo as fabricantes introduziram visores com escalas de cinza, recurso que permitia distinguir imagens. Mas tudo ainda parecia muito irreal.

Quando apareceu o primeiro celular com quatro mil cores foi um acontecimento, porque era uma tecnologia incrível para um aparelho tão pequeno.

Não demorou muito para que os aparelhos ganhassem displays (visores) de incríveis 64 mil cores, e logo apareceram os visores com até 256 mil cores — as imagens já pareciam reais e não havia como perceber a falta de cores. Obviamente, a evolução não parou, e hoje os aparelhos possuem 16 milhões de cores, um recurso que é fundamental em aparelhos de alta resolução.

> ▶▶ **Com a possibilidade de visualizar imagens coloridas, novos modelos de aparelhos incorporaram o recurso das mensagens multimídia, que ficaram conhecidas como MMS (*Multi Media Service*).**

As mensagens multimídia, a princípio, seriam úteis para enviar imagens para outros contatos contudo; com a evolução do serviço, a *MMS* tornou-se um serviço que suporta até o envio de vídeos, ou seja, quase como enviar um e-mail.

Falando nisso, o primeiro serviço de internet no celular foi lançado no Japão pela empresa NTT DoCoMo em 1999. O que todos queriam, finalmente, estava disponível nos celulares: *a* internet.

Evidentemente, a internet que era acessada através de um celular não era nada parecida com aquela que as pessoas utilizavam nos computadores. No entanto, isso iria evoluir muito em breve. Era necessário que os portais criassem páginas próprias para celular, as chamadas páginas *WAP* (sigla para *Wireless Application Protocol*; em português, Protocolo para Aplicações sem Fio), com conteúdo reduzido e poucos detalhes.

Ao mesmo tempo em que as operadoras de telefonia móvel foram implementando novos serviços, as fabricantes não paravam de inovar em funções nos aparelhos.

Você acabou de ler todas as características que os celulares 2G tinham, mas ainda falta saber os detalhes que a geração intermediária trouxe.

A segunda geração e meia (2,5G) representou uma evolução da 2G, com melhorias significativas em capacidade de transmissão de dados, aumento na velocidade de acesso à internet e aparelhos mais modernos, entre outros avanços. Receberam os nomes de tecnologias GPRS, EDGE, HSCSD, EVDO e 1xRTT.

> *Para entender melhor, o Padrão de Transmissão de Rádio por Pacote (ou GPRS, General Packet Radio Service) é a evolução da tecnologia GSM em 2,5G.*

Os dados são divididos em pacotes para transmissão, o que facilita o envio, pois provê uma conexão permanente de dados e, assim, os usuários não precisam entrar no sistema cada vez que desejarem ter acesso a esses serviços. Outra vantagem é que os usuários só pagam pelos dados e não pelo tempo de permanência no ar em que se faz a conexão, nem pelo tempo de carregamento. É o *GPRS* que permite a conexão da maior parte dos smartphones e celulares à internet.

Já o *EDGE* (*Enhanced Data Rates for Global Evolution*), cuja classificação como uma tecnologia 2,5 ou 3G é bastante controversa, possibilita a transmissão de dados e acesso à internet em alta velocidade. As taxas médias são rápidas o suficiente para permitir serviços de dados avançados, como transmissões (*streaming*) de áudio e vídeo, acesso rápido à internet e download de arquivos pesados. Essa tecnologia às vezes é chamada de *GPRS* ampliada (*E-GPRS*), porque aumenta em três ou quatro vezes a capacidade de troca de dados da tecnologia antecessora, a *GPRS*. A *EDGE* também é um serviço baseado em pacotes que oferecem aos clientes uma conexão permanente para transmissão de dados. Já o *CDMA*-2000, 1x ou 1xRTT (1x*Radio Transmission Technology*) é a evolução do *CDMA*1 e, por, isso muitos o consideram como tecnologia de

2,75G ou 3G, por possuir taxas de transmissão altas. De qualquer forma, o *CDMA*-2000 1x preparou o terreno para as altas taxas de velocidade de dados hoje disponíveis em todo o mundo e que oferecem aos consumidores e profissionais total conectividade sem fio. Sua velocidade teórica é de 153,6Kbps. A nomenclatura *CDMA*, contida na sigla, diz respeito apenas à técnica de modulação usada na interface aérea de sistemas celulares, e não quer dizer que eles sejam totalmente compatíveis entre si.

▶▶ **A implementação de câmeras fotográficas e de vídeo nos celulares foi muito revolucionária, abriu um leque de novos usos para o aparelho. E atraiu ainda mais a atenção dos usuários.**

Mas a evolução ou a dança das gerações não ia parar por aí.

Os fabricantes não param de introduzir tecnologia de ponta nos aparelhos mais novos, a exemplo de alguns modelos que são capazes de gravar vídeo com resolução em alta definição (HD) e taxa de quadros comparável à de equipamentos profissionais. Como se não bastasse, muitos aparelhinhos possuem tecnologia para detectar rostos (e sorrisos), com incríveis câmeras de muitos MP (Megapixels), que ainda contam com *flash* (luz para ambientes escuros).

Na parte de áudio, algumas empresas não se restringiram à reprodução de arquivos MP3 e adicionaram suporte à reprodução de outros formatos. Outros fabricantes adicionaram equalizador, suporte a listas de reprodução, visualizações e luxos como a capacidade de transmitir áudio para dois ou mais fones de ouvido.

No fim de 2000, dez anos depois de a telefonia móvel começar a funcionar no Brasil, já haviam 23 milhões de celulares no país, segundo dados da Anatel.

Atualmente não se fala muito em celular, porque o assunto da vez são os smartphones, os telefones inteligentes.

O termo smartphone foi adotado devido à utilização de um sistema operacional nos celulares. Embora essa capacidade ainda esteja restrita a um pequeno número de aparelhos, porém, a tendência é que cada vez mais as fabricantes invistam na criação desse tipo de celular.

Além do sistema operacional, a maioria dos smartphones traz rede sem fio (*Wi-Fi*), câmera de qualidade razoável (geralmente o mínimo é 2 MP), bluetooth (que permite o envio de dados entre telefones), memória interna com muito espaço (ou espaço para cartão externo) e outras funções, como a reprodução de arquivos de formatos diferentes ou a compatibilidade com documentos do *Microsoft Office*, suporte a redes 3G e muito mais.

Os sistemas operacionais dos aparelhos variam muito, porque cada fabricante trabalha com um diferente. Os principais são *Android, IOS, Symbian* e *Windows Mobile*.

Em 2007, quando o primeiro modelo de celular iPhone foi lançado pela fabricante Apple, o total de número de linhas celulares no mundo já chegava a 3,3 bilhões, ou metade da população humana (embora alguns usuários tivessem múltiplas linhas ou linhas inativas).

> ▶▶ **O lançamento do iPhone, que veio com teclas multitouch (lê-se "multitoti", múltiplos toques), que permitem usar melhor os dedos sobre a tela, câmeras potentes e infinitas possibilidade de expansão por meio dos aplicativos, pode-se dizer, literalmente, que mudou o mundo, ao fazer com que o telefone deixasse de ser um mero comunicador vocal para se transmutar em uma máquina multifuncional praticamente sem limites.**

A terceira geração de celulares (3G) chegou e um número cada vez maior de pessoas pode usufruir de tudo que ela oferece, como vídeo-chamada (o mesmo que videoconferência), conexão de internet de alta velocidade, economia de energia nos aparelhos, entre outras funcionalidades. É conhecida como *UMTS (Universal Mobile Telecommunications Service)*. É a evolução do GSM, mas ainda se baseia nessa tecnologia, embora o seu acesso por rádio seja diferente. Essa tecnologia usa uma técnica *CDMA* chamada *DS-WCDMA (Direct Sequence Wideband)*, por isso é comum o uso intercalado de *UMTS* e *WCDMA*, embora a sigla *UMTS* se refira ao sistema inteiro. É baseada em *IP (Internet Protocol*, Protocolo de Internet), que suporta voz e dados em pacotes, oferecendo taxas máximas de transmissão de dados de até 2 Mbps e velocidades médias de 220-320 kbps quando o usuário está andando ou dirigindo. Foi desenvolvida para prover serviços com altos níveis de consumo de banda, como *streaming*, transferência de grandes arquivos e videoconferências para uma grande variedade de aparelhos, como telefones celulares, tablets e laptops. A *UMTS* é compatível com a *EDGE* e a *GPRS*, permitindo ao usuário sair de uma área de cobertura UMTS e ser automaticamente transferido para uma rede *EDGE* ou *GPRS*, dependendo de fatores como a disponibilidade de rede e o consumo de banda do seu aplicativo. Assim, os usuários *UMTS* têm sempre assegurados um nível de serviço de pacotes de dados, em casa e em viagem.

Em seguida, veio a terceira geração e meia (3,5G), baseada nos sistemas *HSDPA (High Speed Downlink Packet Access)* e *HSUPA (High Speed Uplink Packet Access)*, que permitem que as pessoas enviem e recebam e-mails com grandes anexos, joguem interativamente em tempo real, recebam e enviem imagens e vídeos de alta resolução, façam download de conteúdos de vídeo e de música ou permaneçam conectados, sem fio, a seus computadores no escritório – tudo usando o mesmo dispositivo móvel. HSDPA refere-se à velocidade com a qual as pessoas podem receber arquivos de dados, o "*downlink*". HSUPA refere-se à velocidade com qual as pessoas podem enviar arquivos de dados, o "*uplink.*" Resumindo: o *HSDPA* seria um *EDGE* do *UMTS*.

Outras tecnologias já estão em teste, como a "Super 3G", mas ainda não existe nenhuma definição, apenas previsões sobre a 4G.

A 4G deverá basear-se totalmente em IP (Protocolo de Internet), sendo prevista como um sistema de sistemas e uma rede de redes, alcançando a convergência entre as redes de cabo e sem fio, assim como com-

putadores, dispositivos eletrônicos e tecnologias da informação, para prover velocidades de acesso entre 100 Mbps em movimento e 5 Gbps em repouso, mantendo uma boa qualidade de ponta a ponta, de alta segurança, o que permitirá oferecer serviços de qualquer tipo, a qualquer momento e em qualquer lugar.

As novas tecnologias de redes banda larga móvel (sem fio) permitirão o acesso a dados em dispositivos que operam com IP, a exemplo dos smartphones até os *CPEs* (equipamentos para conversão de dados para uso em equipamentos finais, tais como TVs). Atualmente, há duas tecnologias mais cotadas na indústria, batizadas de *WiMAX* e *LTE*, ambas ainda passíveis de definições de uso por questões regulatórias por parte de governos e padronizações nas indústrias de *hardware*.

Para os que estudam as TICs, os grandes atrativos da 4G serão a convergência de uma grande variedade de serviços, até então somente acessíveis na banda larga fixa, bem como a redução de custos e investimentos para a ampliação do uso de banda larga na sociedade. Isso poderá trazer benefícios culturais, melhoria na qualidade de vida e acesso a serviços básicos, tais como comunicação e serviços públicos antes indisponíveis ou precários, à população.

> *O conceito 4G vai muito além de telefonia móvel, já que não pode ser considerado uma evolução dos padrões de telefonia celular, tais como os existentes no mercado até 3G.*

E, como a evolução não para, os fabricantes não cessam de lançar novos modelos de aparelhos, com recursos mais sofisticados e funções ainda mais interessantes. Eles já se apresentam em forma de braceletes, podem ser acoplados em relógios, capacetes e outros suportes, vêm com receptores de TV digital, permitem até 32 GB de armazenamento, simulam 5.1 canais de áudio, dão acesso às redes 3G com velocidade de 7.2 Mbps e muito mais. Ou seja, a tendência é uma só: os celulares estão prestes a virar computadores minúsculos.

Em 2011, passamos de quatro bilhões de aparelhos no planeta, a caminho de seis bilhões previstos para 2013.

32   MOBIMENTO | Educação e Comunicação Mobile

CAPÍTULO 2 | Cultura Mobile no Brasil e no mundo

Hoje, grande parte do território brasileiro já dispõe de telefonia celular, e, com a liberação de novas licenças de exploração do serviço para empresas privadas, o sistema tende a aumentar as áreas de abrangência e o número de terminais.

Por tudo isso, a União Internacional de Telecomunicações considera que o celular é a tecnologia mais rapidamente adotada de toda a história, em todo o mundo.

As sete mídias de massa

▶▶ **Logo que os aparelhos celulares foram reconhecidos como um novo e único canal de mídia de massa, a categorização das mídias de massa começou.**

Em ordem de introdução, são:

1. **Tipografia (livros, panfletos, jornais, revistas e outros) – a partir do final do século XV**
2. **Gravações (gramofone, fitas magnéticas, cassetes, CDs, DVDs) – a partir do final do século XIX**
3. **Cinema – a partir de 1900**
4. **Rádio – a partir de 1910**
5. **Televisão – a partir de 1950**
6. **Internet – a partir de 1990**
7. **Telefones celulares – a partir dos anos 2000**

A primeira ligação de telefone fixo foi feita em 1914, mas o fixo não é considerado mídia de massa, por suas características de comunicação unilateral e as limitações para o envio de dados.

Cada mídia de massa tem seus próprios tipos de conteúdo, seus artistas criativos e técnicos e seus próprios modelos de negócio. A sexta e a sétima mídia, internet e celular, são comumente e coletivamente chamadas de "mídias digitais", e a quarta e a quinta, o rádio e a TV, de "*broadcast* media" ou "mídias de transmissão".

Em outro tipo de categorização, o celular é chamado de quarta tela, junto com cinema (a primeira), TV (a segunda) e o computador pessoal (a terceira).

Há também outra classificação que considera o celular como a terceira tela, sendo as telas da TV e do computador pessoal consideras a primeira e a segunda telas "pessoais".

Há uma forte sinergia com o conceito das quatro telas, principalmente quando se pensa em conteúdos de imagens de vídeo (movimento) e multimídia.

Em muitos países, especialmente nos em desenvolvimento, o celular é cada vez mais considerado a primeira tela e a primeira mídia, uma vez que as taxas de penetração dos aparelhos celulares ultrapassaram em muito as dos computadores, dos acessos à internet e da televisão.

Revoluções móveis por minuto: ativismo e democratização da comunicação

O mundo está em contínua e rápida mudança, e a essência da nova mutação social tem um nome: mobilidade. O importante, agora, é poder estar "sempre ligado", em qualquer lugar.

O que se pode observar é que a revolução real no universo sem fio não é apenas comercial ou tecnológica, mas também social.

Conectadas a todo momento e em qualquer lugar, as pessoas podem se comunicar e cooperar de novas maneiras. Hoje, em qualquer canto do mundo, os serviços de dados para dispositivos móveis tornaram-se uma plataforma importante, não apenas para receber ou enviar conteúdos em áudio e vídeo, mas sobretudo para a interação de grupos.

À comunicação por voz e texto, que já nos era familiar no início dos anos 2000, vem se juntar o envio de imagens e vídeos, como parte habitual das trocas de mensagens entre indivíduos e grupos de usuários de aparelhos portáteis. E não podemos esquecer os jogos, algo que também vem se notabilizando no Brasil. Estamos presenciando a revolução da mobilidade. Lembremos que, enquanto o universo dos desktops suscitava questões sobre a precariedade das relações presenciais entre os seres humanos, os dispositivos móveis começaram a propor que o virtual seria um meio poderoso para promover encontros reais. Isso já era um fato em relação aos telefones fixos, que permitiram às pessoas ampliar consideravelmente seus encontros presenciais.

Hoje, após tantos eventos coletivos, políticos e artísticos ativados pelo uso em rede dos celulares, não há mais dúvidas sobre seu potencial de reorganização da dinâmica dos movimentos sociais.

▶▶ Com a incorporação dos recursos de GPS (do inglês Global Positioning System, ou em português geoposicionamento por satélite), um sistema de navegação que fornece a um aparelho receptor móvel a posição de várias coisas, assim como informação horária, sob todas e quaisquer condições atmosféricas, a qualquer momento e em qualquer lugar na Terra, desde que o receptor se encontre no campo de visão de quatro satélites GPS, os celulares já possibilitam uma gama de usos que associam a comunicação com o georreferenciamento.

A ubiquidade ou onipresença (faculdade ou estado do que está ao mesmo tempo em toda parte) proporcionada por esses aparelhos abriu um campo, ainda sem fronteiras nítidas, de veiculação de informações e entretenimento de toda espécie.

Tanto do ponto de vista da urgência (obter informações em qualquer lugar e a qualquer momento) quanto da perspectiva da ocupação do tempo ocioso (assistir a um filme, jogar em rede ou sozinho), os smartphones apresentam-se como uma tecnologia que reúne várias mídias num só aparelho (telefone, internet, televisão, console de jogos, recursos dos computadores pessoais).

Isso aponta para uma evolução já prevista no final do século XX: a inteligência dos chips deve se disseminar por todos os tipos de aparelhos à nossa volta, e todos devem, muito em breve, se interconectar por redes sem fio.

Com isso, uma das manifestações que mais chama a atenção atualmente é a emergência de comunidades móveis que se apoiam no uso dos portáteis para se articular.

Parece difícil pensar numa comunidade virtual móvel de forma similar aos grupos que se formam na internet. Como será que elas funcionam por meio de aparelhos como celulares e tablets, por exemplo? Será que nossas definições de comunidade ainda se aplicam nesses casos?

▶▶ **As comunidades virtuais que se formam em torno dos dispositivos sem fio têm funcionado, cada vez mais, como apoio a ações coordenadas de grupos num espaço geográfico.**

Por isso, pode-se afirmar que a essência dessas comunidades é o movimento, a reunião dos grupos em espaços físicos.

Um fato em comum entre vários movimentos sociais que ocorreram recentemente, como Primavera Árabe, *Occupy Wall Street*, o Movimen-

CAPÍTULO 2 | Cultura Mobile no Brasil e no mundo

to dos Indignados no Portal do Sol, em Madrid, Espanha, e a Marcha contra a Corrupção, no Brasil, foi que grande parte dos participantes foram mobilizados via mensagens de celular.

Esses são alguns exemplos do que vem sendo chamado de *flashmobs*, em que grupos se reúnem para um ato político instantâneo e se dispersam em questão de minutos.

O fato é que essas comunidades móveis servem, literalmente, para muitas pessoas se acharem umas às outras e se conhecerem em grupo. Isso também é experimentado, em raras ocasiões, por comunidades que evoluem na internet.

> ▶▶ **Proporcionar encontros presenciais, seja nas ruas ou em clubes, é um fator bem interessante do uso dessas mídias. E vai na direção contrária dos que pregavam que essas mídias isolavam as pessoas.**

Isso representa um potencial de revolução contínuo nas mãos dos jovens.

Também há avanços na direção das fronteiras da comunicação, especialmente no que toca a democratização dos meios.

Com a associação dos recursos dos aparelhos celulares e das redes de telefonia móvel com os da internet, foram potencializadas as possibilidades de criação e compartilhamento de conteúdos. E, junto com a mudança do modo de produção, vem ocorrendo, também, uma transformação estética.

Considerando o campo da educação, isso nos faz pensar que há que se criar coletivos, com ênfase especial nos espaços de educação, para trabalhar a formação política dos sujeitos. Por isso, entendemos ser importante uma escola plural, onde o educando e o educador possam utilizar a tecnologia a favor de uma educação libertadora.

Daqui para o futuro

Apesar de todos esses fatos e avanços, há quem acredite que o telefone celular desaparecerá.

Durante a *EducaParty* e a *Campus Party* de 2012, em São Paulo, o estudioso Sugata Mitra fez uma previsão, no mínimo, polêmica.

O pesquisador prevê que, em menos de uma década, a discussão sobre tecnologia e educação estará muito além de como os estudantes podem aprender melhor com um celular, por exemplo, já que, segundo ele, aparelhos como esses estão fadados a desaparecer num espaço de cinco anos.

"A vitrola desapareceu com a chegada do walkman, que desapareceu com o MP3, que está desaparecendo com o celular. A televisão foi para dentro do telefone, assim como o PC. E o celular em si fica cada vez mais barato, fino e menor. Mas eu diria que o celular vai acabar quando for possível introduzir chips dentro da cabeça, e isso já será possível daqui a cinco, seis anos, não é ficção científica".

Na área da educação, Mitra foi ainda mais radical. Para ele, o atual modelo de cobrança de conhecimento, com o uso de provas de memorização, está também fadado a morrer. "É preciso mudar o conceito de educação. Com um tablet na mão de um aluno, não significa que ele vá aprender matemática tradicional, mas ele pode descobrir outros conhecimentos que podem ser mais sensíveis para a sua vida", disse.

O especialista não poupou críticas ao modelo atual da educação, segundo ele criado há trezentos anos e que requer uma evolução o quanto antes. "Até bem pouco tempo, a memorização era indispensável. Era o único meio de reter conhecimento. Hoje temos o pendrive (dispositivo para transportar arquivos). Decorar não é mais a saída. Temos que rever todo esse modelo", completou.

Rever e evoluir. O caminho da mobilidade.

Educação Móvel

*"O exercício da curiosidade
convoca a imaginação,
a intuição, as emoções,
a capacidade de conjecturar,
de comparar, na busca
da perfilização do objeto
ou do achado de sua
razão de ser."*

**PAULO FREIRE,
2002, p.88**

O EDUCADOR PAULO FREIRE (1921-1997), em seu livro *Pedagogia da Autonomia*, afirmou nunca ter sido um apreciador ingênuo da tecnologia. "Não a divinizo, de um lado, nem a diabolizo, de outro", dizendo não ter dúvidas sobre as possibilidades de colocar a tecnologia a favor da curiosidade dos estudantes. Curiosidade que, segundo ele, "convoca a imaginação, a intuição, as emoções, a capacidade de conjecturar, de comparar, na busca da perfilização do objeto ou do achado de sua razão de ser" (2002, p. 88), algo que ele considerava imprescindível para uma prática educadora emancipatória.

Hoje, quinze anos após essa reflexão, vivemos num mundo cercado pela tecnologia, onde nossas crianças e jovens já nascem rodeadas por essa cultura, tornando nosso cotidiano praticamente inimaginável sem as tecnologias da informação e da comunicação, também conhecidas como TICs. Não surpreendente que até mesmo algumas comunidades tradicionais, como quilombos e povos indígenas, tenham se organizado em rede para contar e compartilhar sua cultura.

A sinergia entre cultura, tecnologia e educação é uma realidade cada vez mais presente no cotidiano.

Estimular a apropriação dessas possibilidades é promover a infoinclusão por meio de educação, cultura e arte.

Da união entre tecnologia e educação podem nascer oportunidades de ensino significativas para o educador e o educando. E quando a questão é a inclusão digital, o celular tem papel fundamental, especialmente porque, no Brasil, a proporção já beira três celulares para cada computador.

Com a popularização dos smartphones, providos de tecnologia e aplicativos multifuncionais capazes de transformá-los literalmente em computadores de bolso, o celular ganha ainda mais importância no processo de inserção ao mundo digital. E na vida de todos, jovens e adultos, estudantes e educadores.

Os recursos dos aparelhos celulares permitem que os sujeitos, dentre outras coisas, desenvolvam capacidades e habilidades importantes para sua relação com o mundo, como os exercícios da interpretação, síntese, categorização, criticidade, relação grupal, autonomia e criatividade.

Por outro lado, a disseminação de computadores, internet, celulares, câmeras digitais, e-mails, mensagens instantâneas, banda larga e uma infinidade de engenhocas da modernidade provocam reações variadas nas gerações anteriores ao advento tecnológico e também nos educadores.

Se você é educador(a), qual desses sentimentos mais combina com o seu: Expectativa pela chegada de novos recursos? Empolgação com as possibilidades que se abrem? Temor de que eles tomem seu lugar? Desconfiança quanto ao potencial prometido? Ou, quem sabe, uma sensação de impotência por não saber utilizá-los ou por conhecê-los menos do que os próprios alunos?

Se você se identificou com mais de uma alternativa, não se preocupe. Por ser relativamente nova e, aparentemente, tão complexa, a relação entre a tecnologia e a escola ainda está bastante confusa e conflitante.

Para ajudar a superar essas questões, propomos duas reflexões iniciais:

1ª: Quando usar a tecnologia no espaço educativo (que não se limita à sala de aula)?

2ª: Como utilizar essas novas ferramentas e possibilidades?

Mais importante do que QUANDO usarmos é o COMO usarmos. Para isso, faz-se necessário ir além do manuseio de PowerPoints, jogos de computadores e outros aparelhos – que ainda são recursos interessantes para o processo de ensino-aprendizado.

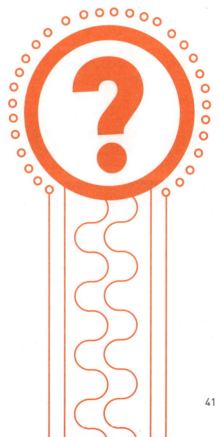

É preciso usar essa tecnologia, também, no intuito de promover a transição de um sujeito receptor passivo de conteúdos para um produtor de conhecimentos, que faça uso consciente dos recursos tecnológicos e não seja escravizado por eles.

Assim, estaremos contribuindo com a democratização da produção cultural.

Novas possibilidades de ensino-aprendizagem

A associação dos recursos da internet com as tecnologias móveis, como computadores portáteis de diferentes modelos (netbook, iPad e outros) e os celulares, pode propiciar o desenvolvimento de um currículo aberto, dinâmico e flexível, promovendo a articulação com distintas áreas de conhecimento e com as experiências de educadores e educandos e as relações que se estabelecem no ato educativo.

A mobilidade traz outra lógica ao como e quando aprender. O sentido de estar aqui para aprender ou de aprender estando em qualquer lugar tornou-se o referente na sociedade digital. A mobilidade não tem duplo sentido, mas tem dupla capacidade: a tecnológica, que nos permite utilizar um dispositivo em qualquer lugar, e a do conteúdo, que diz respeito à informação, ao lugar onde ela se encontra, não importando o fato em si, mas a capacidade de ser acessada (Basso, 2003), produzida e compartilhada.

> *Acreditamos que só vale estabelecer esse diálogo da tecnologia com a educação se ela vier pra colaborar com uma educação emancipadora, agregando qualidade aos conteúdos curriculares e à formação ética do educando.*

Marçal, Andrade & Rios (2005) defendem o uso de dispositivos móveis na educação, citando seus principais objetivos:

> ▶▶ **melhorar os recursos para o aprendizado, que poderá contar com um dispositivo para execução de tarefas, anotação de ideias, consulta de informações via internet, registros digitais e outras funcionalidades;**

CAPÍTULO 3 | Educação Móvel

▶▶ **prover acesso aos conteúdos em qualquer lugar e a qualquer momento;**

▶▶ **aumentar as possibilidades de acesso a conteúdos, incrementando e incentivando a utilização dos serviços providos pela instituição de ensino;**

▶▶ **expandir as estratégias de aprendizado disponíveis, por meio de novas tecnologias que dão suporte tanto à aprendizagem formal como à informal;**

▶▶ **fornecer meios para o desenvolvimento de métodos inovadores de ensino, utilizando os recursos de computação e de mobilidade.**

Para avançarmos, é preciso que os educadores e as educadoras tenham a oportunidade de desmistificar essa nova linguagem, conhecendo-a com mais profundidade, apropriando-se dela e encontrando o sentido pedagógico que ela oferece.

Ao lado de incentivar novas oportunidades, é necessário oferecer formação técnica adequada, contribuindo com a qualidade da educação.

Esse processo envolve, necessariamente, a formação de docentes a fim de que eles sejam capazes de tirar proveito pedagógico dessas tecnologias e, mais do que isso, se mantenham afinados com um conceito de aprendizagem que destoa em relação à sala de aula convencional. Trataremos mais desse assunto adiante.

Diante de si, estudantes, educadores, familiares, governo e sociedade têm inúmeros desafios, entre os quais estão a evasão escolar, a monotonia na sala de aula, a escola castradora, enquanto na rua, na internet, no celular, acreditam muitos jovens que têm acesso ao conhecimento, com liberdade, interatividade e atratividade.

"Há dois problemas distintos hoje no ensino. O primeiro acontece em lugares onde as crianças não têm acesso à escola; e o segundo ocorre onde os alunos não se interessam pelo que é ensinado", assinalou Sugata Mitra, um dos maiores especialistas do mundo em tecnologia educacional, professor da Universidade de Newcastle e docente visitante do Massachusetts Institute of Technology (MIT), durante debate nos eventos EducaParty e Campus Party, em fevereiro de 2012, em São Paulo.

Contando sobre sua experiência, o educador indiano continuou: "os experimentos que eu realizo há quinze anos mostram que, quando as crianças são expostas a um computador num lugar público, elas aprendem sozinhas a utilizá-lo e há um desenvolvimento muito rápido da capacidade de leitura, aprendizagem e de responder a perguntas. E um só computador pode atender trezentas crianças. Logo, a solução para o primeiro problema é muito barata", disse Mitra, que ficou mundialmente conhecido com o experimento *Hole in the Wall* (Buraco no Muro), em que colocou um computador no muro de uma favela na Índia e provou que as crianças aprendem sozinhas a usar a máquina. "Quanto ao segundo problema, minha experiência mostra que a solução é: professores, façam uma boa pergunta que motive os alunos! Certa vez, perguntei a crianças na China como o iPad podia saber a localização delas. Após meia hora de pesquisas na internet, eles responderam, corretamente, que era por meio de três satélites. Então eu perguntei por que o iPad não usava apenas dois ou vinte satélites para fazer isso. Eles pesquisaram de novo e descobriram que era por causa de algo chamado trigonometria. Aí falei para o professor de matemática deles: a porta está aberta", lembrou o estudioso.

Mitra é um dos tantos que propõe que o currículo educacional seja reformulado, pois a educação atual é a mesma de trezentos anos atrás e não preenche os requisitos exigidos no mundo contemporâneo. Para ele, não é preciso ensinar tecnologias aos estudantes, pois eles aprendem sozinhos. "Os professores precisam ser capazes de dizer algo que não estão acostumados a dizer: eu não sei, mas vamos descobrir. E garanto que um grupo de vinte crianças é capaz de descobrir, em duas horas, como desenvolver um aplicativo para Android, por exemplo", afirmou. "Não é necessário

CAPÍTULO 3 | Educação Móvel

ensinar nada tecnológico às crianças, apenas duas coisas muito importantes, que muitas vezes não são contempladas no currículo básico: a primeira é a compreensão da leitura e da fala; e a segunda, que é muito difícil, como separar o que é certo do errado num mundo em que somos bombardeados pela mídia. O resto, com boas perguntas, as crianças são capazes de descobrir".

Legislação e regras de uso do celular na escola

A polêmica gerada pelo avanço dos celulares nas escolas chegou à Comissão de Educação e Cultura da Câmara dos Deputados, em Brasília, que, em junho de 2009, aprovou, em âmbito federal, uma lei que já vigorava em estados como Pará, São Paulo e Rio de Janeiro. Trata-se do substitutivo da relatora, deputada Angela Portela (PT-RR), ao Projeto de Lei 2246/07, do deputado Pompeo de Mattos (PDT-RS), que proíbe o uso de telefones celulares nas salas de aula das escolas de educação básica de todo o país, com exceção dos casos em que forem autorizados pelo professor ou pela administração da escola, com vistas ao desenvolvimento de atividades pedagógicas. Na avaliação da relatora Angela Portela, o objetivo é "assegurar a essência do ambiente pedagógico que deve prevalecer na escola. Sendo assim, a preocupação não deve se restringir aos estabelecimentos públicos, mas a todos aqueles que integram a Educação Básica". A parlamentar destacou na ocasião que, com frequência, professores e gestores das escolas se queixavam do "uso indevido, quiçá abusivo" desses aparelhos. "Entre os mais citados estão o troca-troca de torpedos, os jogos, as colas e as conversas ao telefone, mas há também menção a conteúdos relacionados com pornografia e violência".

Em alguns estados, foram adotadas leis que proíbem o uso dos aparelhos, também, em salas de aula de ensino médio.

Em sua maioria, essas leis se justificam sob os argumentos de que o uso do celular no ambiente escolar compromete a concentração dos alunos e acirra as brigas, pois muitos os usam por "exibicionismo" – portar um aparelho móvel do último modelo e com novas tecnologias seria sinal de status entre os estudantes.

Muitos talvez ainda não tenham enxergado que os jovens (e também adultos), hoje, vivem conectados a várias coisas ao mesmo tempo, com suas atenções sendo disputadas por vários assuntos e fontes. E que, para muita gente, o celular virou um companheiro do dia a dia, como, por exemplo, para os pais atarefados que buscam por seus filhos.

Nos Estados Unidos e Europa, em muitas escolas foi proibido o uso de celulares nas salas de aula, devido ao grande número de interrupções provocadas por eles durante as lições e ao seu potencial para a cola via mensagem de texto.

> *De acordo com a determinação legal brasileira, cabe às próprias escolas definirem as medidas disciplinares aplicáveis aos alunos que infringirem a regra e utilizarem o celular no horário da aula.*

Na França, a proibição do uso dos aparelhos nas escolas por menores de doze anos, promulgada em maio de 2009, não tem como justificativa a dispersão que os dispositivos causam à atenção dos alunos, mas um suposto risco à segurança dos pequenos estudantes. O governo francês teme que as ondas eletromagnéticas do celular possam afetar o crescimento saudável dos jovens.

CAPÍTULO 3 | Educação Móvel

Na Inglaterra, a posse de um celular durante um exame poderia resultar na imediata desqualificação na disciplina em questão, ou até mesmo de todas as provas.

Os críticos ainda apontam que o celular pode ser usado para promover o bullying ou ameaças para outros estudantes, ou para exibição de material inapropriado para o ambiente da escola.

Em contraposição a esses fatos, há o lado positivo da apropriação criativa do celular e sua aplicação na educação.

Não acredito nas proibições, como o faz a maioria das instituições de ensino hoje, mas em propostas que visam estimular educadores, estudantes e outros interessados a ampliar, otimizar e facilitar o relacionamento entre a escola e seus corpos docentes e discentes, os familiares e a comunidade, implementando novas formas de comunicação entre todos os membros da sociedade.

Com este livro busquei trazer informações, dicas e projetos de incentivo ao uso do celular de forma crítica e consciente, como aliado do processo de ensino-aprendizagem.

47

Mobile Learning: aprendendo e compartilhando em movimento

Já está consolidado o conceito de que a educação é fundamental para o desenvolvimento da sociedade. O cenário atual do país demonstra que, embora exista um avanço com relação ao acesso à escola, ainda há muito a fazer para aprimorar a educação.

A difusão dos dispositivos móveis de comunicação está trazendo uma nova perspectiva para o uso da tecnologia na educação, ao mesmo tempo em que reacende o debate a respeito de seus efeitos sobre a aprendizagem e o papel do professor.

Em várias partes do mundo, pesquisadores e educadores estão se dedicando ao desenvolvimento e à aplicação de metodologias que incorporam telefones celulares, tocadores de MP3, internet wireless e tablets no ensino de línguas, biologia, geografia, matemática, física, para citar algumas disciplinas, potencializando o envio e recebimento de arquivos via bluetooth ou a prática de jogos educativos, entre outras possibilidades.

O uso de dispositivos móveis na educação, além dessas possibilidades e dada sua característica e relevância para a inclusão digital, é conceituado como *mobile learning* ou *m-learning*.

O *mobile learning* ou "aprendizagem com mobilidade" é um conceito tão recente quanto essas tecnologias. Sua definição envolve a utilização de equipamentos de informação e comunicação móveis e sem fio em processos de aprendizagem, mas não se resume a isso. Quer dizer, não basta usar um celular para registrar uma atividade de campo durante uma aula de biologia para caracterizar o *m-learning*. O *mobile learning* já é uma prática em escolas britânicas e norte-americanas. Nas cidades de Austin, Chicago e Boston, nos Estados Unidos, estudantes têm aulas de biologia, matemática, química, ciências e estatísticas utilizando celulares para fazer "simulações participativas". Eles recebem o conteúdo do professor via celular, interagem com ele e depois enviam suas intervenções aos colegas.

CAPÍTULO 3 | Educação Móvel

Na Grã-Bretanha, o uso do telefone móvel possibilita aulas nas ruas. Os alunos fazem visitas a museus e galerias; enquanto estão lá, recebem, em seus celulares, informações em textos, áudios e vídeos sobre as peças expostas nos locais e depois interagem com os colegas.

No Japão, a Universidade de Aoyama, localizada na cidade de Sagamihara, começou uma experiência em 2009: distribuiu, gratuitamente, celulares do modelo iPhone para os alunos, com o objetivo de controlar a presença deles nas aulas. O sistema, implementado com estudantes do primeiro e segundo anos e alguns funcionários da universidade, também serve para o aluno fazer pequenos testes, responder enquetes e ter acesso a trabalhos e vídeos das aulas. A universidade paga pelos serviços básicos do telefone e mantém parcerias com operadoras de telefonia.

"Uma característica fundamental é a mobilidade dos aprendizes", pontuou a coordenadora do Grupo de Pesquisa Educação Digital (GP e-du) da Universidade do Vale do Rio dos Sinos (Unisinos), Eliane Schlemmer (*Revista Educação*, 2011). "Eles podem estar distantes uns dos outros e também de espaços formais de educação, tais como salas de aula, salas de formação, capacitação e treinamento ou local de traba-

lho", complementou a pesquisadora, que é coautora do livro *M-learning e u-learning: novas perspectivas da aprendizagem móvel e ubíqua*, ao lado de Amarolinda Saccol e Jorge Barbosa, também da Unisinos. Outra característica associada à mobilidade é a ubiquidade, ou seja, a possibilidade de a aprendizagem ocorrer em qualquer lugar. "É uma decorrência da mobilidade, pois essas tecnologias liberam a aprendizagem do tempo e do espaço", afirma Giancarlo Colombo, membro do Conselho da Associação Brasileira de Educação a Distância (Abed). Nessa medida, elas intensificam as possibilidades de acesso às informações propiciadas, por exemplo, por laptops e celulares convencionais, ao mesmo tempo em que superam o potencial dessas tecnologias, ao permitir que o usuário (ou aprendiz) se mantenha conectado a uma rede, independentemente de sua presença física.

Este é um dos aspectos que diferenciam o *m-learning* do *e-learning*, a aprendizagem mediada por um computador. Mas *m-learning* não é, necessariamente, sinônimo de tecnologia de ponta. John Traxler, diretor do Learning Lab, da Universidade de Wolwerhampton, no Reino Unido, defende que essas metodologias devem se valer das soluções adequadas ao contexto no qual se inserem.

É isso que viabiliza as várias experiências de *mobile learning* em andamento na África, especialmente em regiões isoladas e com infraestrutura precária, onde só há energia elétrica por gerador e o custo dos smartphones é inviável para a maioria da população. Nesse tipo de contexto, um celular convencional pode ser de grande utilidade.

Cientes da necessidade de envolver e preparar o educador, várias das experiências de *m-learning* em andamento no Brasil e no mundo focam justamente os docentes, atores centrais no processo de ensino-aprendizagem. É dessa maneira que o educador será capaz de identificar os limites e potencialidades das tecnologias. Afinal, mais do que dominar os recursos dos aparelhos, nesse novo

> *"O educador precisa se apropriar das questões teóricas na vinculação com as especificidades da tecnologia em questão."*
> **ELIANE SCHLEMMER**

CAPÍTULO 3 | Educação Móvel

cenário, o educador se torna um agente provocador da aprendizagem – em contraposição à sua atuação tradicional na escola como transmissor de conhecimento. Isto porque o aprendiz (seja ele um aluno ou mesmo um docente em formação) é alçado à condição de agente da própria aprendizagem. Uma característica que o beneficia é que o dispositivo pessoal permite que o aluno direcione a aprendizagem, buscando aquilo que lhe interessa no momento mais oportuno.

Ao mesmo tempo, o caminho da aprendizagem deixa de ser unilateral, potencializando práticas didáticas colaborativas, em que a produção de conteúdos e informações envolve a participação ativa dos próprios educandos. É, então, um processo que implica aprendizagens que ocorrem, principalmente, por meio da interação, das trocas, do diálogo e do comprometimento com o outro. É necessário ainda organizar e administrar o tempo e os espaços para aprender.

Norbert Pachler, do Instituto de Educação da Universidade de Londres, na Inglaterra, defende que a aprendizagem pautada pelo uso de equipamentos móveis se dá numa relação triangular e não hierárquica entre as estruturas socioculturais, as práticas culturais e a capacidade de as pessoas atuarem sobre a realidade em que vivem. Não é, portanto, um processo individual, mas social. As promessas e possibilidades do *mobile learning* – especialmente no que diz respeito ao fortalecimento da cultura da aprendizagem em detrimento da cultura do ensino – são grandes. Contudo, ainda se deparam com barreiras tecnológicas, socioculturais e pedagógicas. Uma reflexão em nível nacional e internacional se desenrola e envolve outras questões, como navegação segura, privacidade, relações de trabalho, ética, fatores psicológicos e sociológicos que esse tipo de tecnologia pode estar provocando. Afinal, essas são questões subjacentes às nossas escolhas como sujeitos de um mundo em constante mutação.

> ▶▶ **Muitas experiências estão em curso, voltadas à aprendizagem com mobilidade (referências e possibilidades práticas são apresentadas no capítulo 4- O papel do educador na era digital). Acompanhá-las e saber dos resultados positivos revela as inúmeras possibilidades e estimula novas experiências.**

TICs nas educação: concepções e métodos

O processo de ensino-aprendizagem é algo em constante movimento. Ao longo dos anos são diversas concepções e métodos educacionais construídos e experimentados. No caso das TICs, enfrenta-se um problema específico, que é a questão dos recursos. Nesse sentido, uma iniciativa do governo federal brasileiro, intitulada Um Computador por Aluno (UCA), promove o uso de um computador portátil por aluno, professor e gestor da escola. O programa surgiu com base no projeto One Laptop per Child (OLPC), lançado pelo presidente Lula, no Brasil, inspirado nas ideias do americano Nicholas Negroponte, que propôs, no Fórum Econômico de Davos de 2005, a distribuição de computadores pessoais de baixo custo, nos países em desenvolvimento, como o primeiro passo para uma revolução educacional.

Nesse projeto, alunos e professores podem fazer uso de laptops conectados à internet, e isso não fica restrito a laboratórios de informática ou à sala de aula. O projeto está em desenvolvimento em escolas públicas selecionadas como piloto, objetivando, principalmente, a inclusão digital e social da comunidade escolar e o uso dessa tecnologia nos processos de ensinar e aprender no desenvolvimento do currículo.

Diversas outras iniciativas de uso de computadores portáteis podem ser encontradas em sistemas públicos e privados de ensino. É possível que outros ambientes virtuais e ferramentas também estejam presentes e sejam explorados na educação, como os ambientes imersivos tridimensionais (metaversos) e os games, entre outros já existentes ou emergentes.

A coexistência e a integração dessas inovações tecnológicas podem, inclusive, conviver com as tecnologias já em uso, convergindo para potencializar a inovação educativa. Esta pode se concretizar por meio da interação multidirecional, da criação de redes de construção de significados, da coautoria, da expansão dos espaços e tempos de aprender e ensinar e do trabalho pedagógico com o uso de diferentes letramentos e linguagens.

Mas, como era de se prever, nem todas essas novidades são aceitas e aprovadas totalmente. Embora a presidenta Dilma Rousseff tenha prometido investir na educação como prioridade de sua gestão, o discurso está longe da prática.

CAPÍTULO 3 | Educação Móvel

Nova polêmica ocorreu em fevereiro de 2012, quando o Ministério da Educação (MEC) abriu uma licitação para adquirir novecentos mil tablets, para serem distribuídos na rede pública de ensino básico. Indagadas pela imprensa a respeito de como o material será utilizado, as autoridades educacionais limitaram-se a afirmar que o método pedagógico será definido depois da chegada das máquinas.

Tal postura fez aumentar as críticas ao projeto do governo, apontado por uns como "sem contornos imprecisos e com metas vagas" e cujo orçamento atingia R$ 330 milhões. A ideia é que, depois de aprenderem a manusear os tablets, os professores da rede pública disseminem em sala de aula tudo o que aprenderam em matéria de tecnologias digitais.

Contudo, em matéria publicada no jornal *Estado de S. Paulo* (Caderno Opinião, 2012), questões foram colocadas: "de que adianta dar material eletrônico de última geração a alunos que mal sabem escrever o nome, não são capazes de escrever uma redação e, em matemática, não conseguem ir muito além das quatro operações aritméticas?" "Faz sentido gastar com tablets e outros equipamentos de informática, quando as instalações físicas de muitas escolas da rede pública se encontram deterioradas por falta de recursos para manutenção?" "Não seria mais eficiente valorizar o objetivo básico do sistema educacional – que é ensinar a ler, a escrever e a calcular – do que desperdiçar recursos com modismos pedagógicos?" "Por que gastar tanto dinheiro em técnica de comunicação, se o conteúdo do que é comunicado continua sendo objeto de livros didáticos medíocres, muitos dos quais com erros elementares, falhas conceituais e nítido viés ideológico?" Até mesmo alguns educadores favoráveis ao uso de tecnologias digitais nas salas de aula da rede pública de ensino básico criticaram o projeto de aquisição dos novecentos mil tablets pela falta de diálogo com a sociedade. Eles lembraram que, para fundamentar a decisão, o MEC havia realizado apenas uma audiência pública, em agosto de 2011. E, mesmo assim,

os debates giraram mais em torno de aspectos técnicos – como tamanho de tela – do que de questões educacionais.

Os mais céticos acreditavam que a compra dos tablets poderia ter a mesma trajetória do projeto Um Computador por Aluno. Para eles, o projeto era oportuno, mas foi implantado com graves falhas de gestão.

Relatório feito pela UFRJ, a pedido da Secretaria de Assuntos Estratégicos (SAE), afirma que o projeto está em situação "caótica". Dos seiscentos mil computadores que foram oferecidos no ano passado a estados e municípios, só metade foi comprada. Uma parte dos computadores adquiridos encontra-se subaproveitada. O índice de laptops quebrados é alto. Diz ainda o relatório que, como não passaram por programas de capacitação para utilizar tecnologia digital em sala de aula, os professores receberam a inovação como "ameaça". Cerca de 20% dos docentes guardaram o equipamento numa gaveta ou num armário. "O desenho do projeto subestimou as dificuldades de apropriação da tecnologia pelos professores do ensino fundamental e médio em comunidades relativamente carentes, o que levou a um subaproveitamento dos computadores em sala de aula", diz o relatório da SAE, depois de afirmar que o projeto teve "custos elevados" e que seus resultados ficaram "aquém do esperado".

Ao comentar a polêmica acima, o professor Suintila V. Pedreira, de Mato Grosso, um entusiasta do uso dos celulares na educação, escreveu no portal do projeto **Minha Vida Mobile – MVMob**: "uma lástima essa postura do nosso governo. E acrescentaria que eu, como professor, NÃO quero receber nenhum tablet... quero SIM receber um salário bem melhor, para eu mesmo poder escolher o equipamento que melhor se adapte às minhas necessidades".

Ninguém põe em dúvida a importância hoje da tecnologia como instrumento de educação. Em paralelo aos investimentos nessa área, é urgente cuidar dos gargalos da educação pública. Como a melhoria do ensino de disciplinas básicas, nas quais o desempenho da maioria dos estudantes, nas avaliações do MEC, continua abaixo da crítica.

CAPÍTULO 3 | Educação Móvel

Por outro lado, quando se fala em trabalhar com os celulares, não é preciso pensar em adquirir aparelhos para estudantes e educadores: muitos já os têm nas mãos.

O que se coloca é a necessidade de estimular a apropriação criativa dos equipamentos.

Os resultados das políticas de TICs nas escolas são difíceis de avaliar, já que há falta de metodologia, indicadores específicos e dados sistemáticos e confiáveis.

Como elemento mais novo nesse contexto também faltam dados sobre o uso dos celulares nos espaços de educação formal e informal. Assim, os indicadores da pesquisa *TIC Educação 2010*, realizada pelo Comitê Gestor da Internet do Brasil (cgi.br) e publicada em 2011, nos dão um panorama do cenário da inclusão digital e do uso de TICs na educação.

▶▶ **O que a experiência acumulada permite ver são os resultados positivos sobre a motivação dos estudantes. Emerge dos estudos a noção de que os resultados, na aprendizagem, são fortemente influenciados pelas condições da escola, sua liderança e seus docentes, características dos alunos e do acesso às TICs na escola e nos domicílios. Mas, entre todos, os educadores merecem uma atenção especial.**

Educadores e as TICs

Os educadores desempenham papel central no processo de integração das TICs ao ensino-aprendizagem. Na presença da necessária infraestrutura tecnológica, são eles (e elas) quem trazem para o espaço da ação educativa as diretrizes do projeto político-pedagógico da escola e a visão dos gestores escolares com relação ao uso educacional das tecnologias.

Elas (e eles) também podem explorar pouco – ou até mesmo desconsiderar – a infraestrutura disponível na escola, de acordo com suas crenças ou perspectivas quanto às tecnologias e seu papel na educação. Mas a mobilização que o professor pode fazer dos recursos tecnológicos disponíveis na escola depende do nível de habilidades tecnológicas e pedagógicas que ele desenvolveu para tal.

É oportuno referir às esperanças depositadas nas TICs como elemento provocador de mudanças na escola e na educação.

Nos anos 1980, supunha-se que os computadores atuariam como uma semente da mudança e da inovação no ensino-aprendizagem. Na década de 1990, acreditou-se no papel das TICs como catalisadoras do processo de mudança e inovação da educação.

Após duas décadas de esperanças e frustrações, o determinismo tecnológico que as fundamentava passa, gradualmente, a ser substituído, neste novo século, por uma visão mais equilibrada, que considera as TICs ferramentas úteis para se atingir metas preestabelecidas.

Caminha-se para um consenso de que o impacto das tecnologias não depende, simplesmente, de se ter acesso a elas, mas sim de como elas são utilizadas pelos estudantes. Diante de alguns desses dados é possível direcionar o olhar da sociedade e fomentar as políticas públicas voltadas para a educação.

> *Segundo a pesquisa TIC Educação 2010, praticamente todas as escolas dispõem de televisor, impressora e leitor de videocassete/DVD.*

CAPÍTULO 3 | Educação Móvel

A cobertura de telefone fixo é a infraestrutura tecnológica que apresenta a maior disparidade regional: 81% das escolas brasileiras estão cobertas por essa tecnologia, sendo que essa proporção na região Norte/Centro-Oeste é de 73% e, no Nordeste, 55%.

Por outro lado, as escolas começam a se aparelhar para ações voltadas à produção de conteúdo multimídia. Câmeras fotográficas digitais e filmadoras, que poderão estimular a produção desse tipo de conteúdo, estão presentes em 78% e 42% das escolas, respectivamente.

A infraestrutura tecnológica das escolas públicas é relativamente diversificada, mas o número de equipamentos disponíveis pode restringir seu uso pela comunidade escolar, ainda mais quando se considera que há, em média, 800 alunos por escola.

As escolas que possuíam tais equipamentos contavam, em média, com quatro unidades de equipamentos, como rádio, televisor, impressora e CD player. Equipamentos mais sofisticados estão disponíveis em pouco mais que uma unidade por escola. Isso ocorre com filmadoras, câmeras fotográficas digitais e datashow (projetores conectados a outros equipamentos).

Segundo a pesquisa, cada estabelecimento de ensino público contava, em média, com 23 computadores; no Nordeste, a média caía para 19; já o Sul apresentava um número superior à média brasileira, 27 computadores por escola.

Perguntados, muitos educadores apontaram os principais obstáculos no uso de computador e internet: ausência de suporte técnico; falta de apoio pedagógico para o uso de computador e internet; número insuficiente de computadores (inclusive para alunos com necessidades especiais) e de máquinas conectadas à internet (ainda com baixa velocidade de conexão); equipamentos obsoletos; os currículos são muito rígidos, não deixando espaços para inovação; os professores não têm tempo suficiente para preparar aulas com computador e internet; e pressão/falta de tempo para cumprir com o conteúdo previsto (estrutura curricular).

A maioria dos professores dominava algumas habilidades básicas para o uso das ferramentas de produtividade, encontrando-se no estágio identificado pela Unesco como de "alfabetização digital".

Isso se revelava pela proporção de professores capazes de utilizar um editor de texto com nenhuma dificuldade (70%) e mover ou copiar um arquivo (57%). Os docentes declararam ter menos habilidades para a realização de tarefas mais complexas, como aplicações de multimídia, planilhas de cálculo e apresentações. O professor apresenta muita dificuldade em postar vídeos e criar/atualizar blogs, atividades de criação de conteúdo, o que sugere uma baixa participação deste na construção da internet.

Os dados sugerem que ter um computador em casa contribui para capacitar o professor para o uso da tecnologia. Entre os proprietários de um computador, 79% relatam facilidade em fazer buscas usando um buscador de informações. Menos de 42 % dos professores declararam que não têm dificuldade em participar de cursos a distância.

Praticamente todos os professores já utilizaram o computador (98%) e acessaram a internet (97%) alguma vez na vida, enquanto, de acordo com a pesquisa *TIC Domicílios 2010*, aproximadamente metade dos cidadãos brasileiros nunca havia utilizado um computador ou acessado a internet.

> *A pesquisa TIC Educação 2010 apontou que o professor tem mais acesso às tecnologias do que o total da população.*

A maioria dos professores já desfrutava das tecnologias para uso pessoal e/ou familiar: 90% tinham máquina em seu domicílio – quase sempre um computador de mesa – e 81% tinham conexão à internet. A renda familiar é um determinante da posse das tecnologias: entre os que ganhavam até três salários mínimos (SM), 72% tinham computador; a proporção aumentava a cada faixa

CAPÍTULO 3 | Educação Móvel

superior de renda, até chegar aos 97% entre os que ganhavam mais de 10 SM.

Dentre os professores que possuíam computador no domicílio, pouco menos da metade dos professores (48%) tinham computador portátil. A pesquisa revelava que iniciativas de incentivo à aquisição desse tipo de máquina têm beneficiado os educadores: 26% deles informaram ter adquirido seu computador portátil com recursos subsidiados por programas direcionados ao professor. Os maiores percentuais apareceram nos segmentos com mais de 45 anos de idade, na rede estadual de ensino e no nível médio de ensino: 35%, 35% e 36%, respectivamente, fizeram uso desses programas para adquirir seu laptop. Ainda assim, grande parte dos professores utiliza recursos próprios para a compra do equipamento (65%) ou até auxílio de membros da família (7%).

Apesar de muitos professores possuírem computador portátil, a maioria (59%) não o deslocava à escola. Em contraposição, o celular é levado para todo lugar.

A frequência de uso das TICs pelos professores diminuía entre os que se encontravam nas faixas etárias mais elevadas. Entre os profissionais que já haviam utilizado computador ou internet alguma vez na vida, 69% daqueles com até 30 anos de idade usavam computador ou internet em casa praticamente todos os dias; com mais de 45 anos, apenas 57% o faziam. No ambiente escolar, 61% dos mais jovens usavam computador até uma vez por semana, contra 46% dos acima de 45 anos.

Entre os professores com até 30 anos, 84% não tinham nenhuma dificuldade para copiar arquivos e 88% para escrever utilizando um editor de texto. Na faixa etária dos 31 aos 45 anos, essas proporções caíam para 56% e 71%, respectivamente. Entre os mais velhos, apenas 42% copiavam arquivo com facilidade e 58% não tinham dificuldade para escrever utilizando um editor de texto.

A idade do professor também está associada ao nível de esenvolvimento de suas habilidades tecnológicas, sendo que os mais velhos declararam ter mais dificuldades com a tecnologia.

O professor da rede pública é um profissional experiente, já que, em média, exerce a docência há quinze anos. Isso significa que iniciou a atuação na metade da década de 1990, quando os computadores pessoais e os celulares ainda não haviam penetrado de forma significativa na sociedade brasileira e os responsáveis pelas políticas públicas de educação básica não tinham proposto medidas que pusessem os equipamentos à disposição dos alunos.

Vale ressaltar, também, que a internet comercial chegou ao Brasil nesse mesmo período.

É bem possível que o pouco conhecimento sobre computadores, internet e celulares, durante a formação inicial dos professores, tenha influenciado a integração das TICs à prática pedagógica dos tempos atuais.

Embora as universidades brasileiras já contassem com a tecnologia, possivelmente poucos formandos da época teriam desenvolvido familiaridade com ela, e muito menos com seus possíveis usos pedagógicos.

Se, por um lado, as dificuldades recorrentes dos educadores esbarravam nos tópicos acima, a percepção sobre contribuição das TICs por parte dos educadores na pesquisa *TIC Educação 2010* revelou-se interessante, conforme responderam: "passei a adotar novos métodos de ensino"; "posso fazer uma avaliação mais individualizada dos alunos"; "passei a ter acesso a materiais mais diversificados/de melhor qualidade"; "passei a ter contato com professores de outras escolas e com especialistas de fora da escola"; "cumpro minhas tarefas administrativas com mais facilidade"; "minha quantidade de trabalho aumentou"; "tornei-me um educador mais eficaz"; "tenho maior domínio do uso de computador e internet"; "passei a organizar de outra maneira a aprendizagem dos alunos"; "passei a colaborar mais com outros colegas da escola onde leciono".

As TICs, o projeto político-pedagógico e os líderes

A pesquisa levantou a percepção dos coordenadores sobre a forma como as TICs estavam sendo introduzidas nas escolas, se por meio de estímulo ou de exigência de seu projeto pedagógico.

De forma geral, o uso das novas tecnologias era percebido como incentivado, bem mais do que cobrado, pelo projeto pedagógico. A maioria dos coordenadores considerava que a escola estimulava mais do que requeria a adoção de novas formas de avaliação (68% contra 23%), a atualização quanto ao uso das TICs no processo de ensino-aprendizagem (66% contra 20%) e a integração da internet às práticas do professor (64% contra 18%).

Quanto à indiferença do projeto político-pedagógico das escolas, dois aspectos sobressaíam: falta de domínio na utilização de softwares específicos para o ensino de determinados conteúdos, bem como no monitoramento do desempenho dos alunos.

Com relação às atividades em âmbito educacional e escolar, é interessante a percepção dos educadores pesquisados sobre os objetivos pedagógicos das TICs: "preparar os alunos para o mercado de trabalho"; "promover atividades contextualizadas ou relacionadas com a vida cotidiana/prática dos alunos"; "assegurar um bom resultado do aluno em testes de desempenho"; "desenvolver habilidades de colaboração entre os alunos para trabalharem em grupo"; "satisfazer as expectativas dos pais e da comunidade"; "promover experiências de aprendizado individualizadas, atendendo a diferentes necessidades de aprendizagem"; "desenvolver habilidades de comunicação"; "preparar os alunos para que sejam competentes no uso da tecnologia"; "dar oportunidades para os alunos aprenderem com especialistas e estudantes de outras escolas/países"; "preparar os estudantes para um comportamento responsável".

O modelo utilizado pelas iniciativas governamentais de informática na educação enfoca a implementação tecnológica nos laboratórios de informática. Embora esse modelo se justifique em termos econômicos, em tempos de mobilidade especialistas em educação apontam a necessidade de superá-lo como forma de elevar a utilização pedagógica da tecnologia, uma vez que o cotidiano do ensino-aprendizagem se desenvolve dentro da sala de aula e em outros espaços, além dos muros da escola.

Nesse sentido, os celulares, os computadores portáteis e os tablets levam vantagem.

▶▶ Dado interessante é que o modelo de informatização das escolas, por meio de laboratórios de informática, tem, de fato, estimulado o acesso dos alunos à tecnologia: nas escolas que contam com laboratório, 31% dos estudantes usavam computador e internet ao menos uma vez por semana; nas que não o têm, apenas 6% dos alunos o faziam.

Quase metade das escolas possuía computadores portáteis (média de dois equipamentos). Há sinais de que os laptops sejam mais comuns nas regiões em que os laboratórios de informática foram criados e consolidados mais recentemente. Entre as escolas que possuem esse tipo de computador, no Nordeste havia, em média, quatro por escola, enquanto no Norte/ Centro-Oeste existiam três, no Sudeste, um, e no Sul, dois.

A quantidade de laptops também era maior nas escolas com projeto específico para uso pedagógico da informática – média de 3,5 máquinas por estabelecimento, contra 1,7 entre as escolas que não tinham esse tipo de projeto.

A proporção de alunos que nunca haviam utilizado o computador ou a internet para outras atividades escolares é reveladora do uso limitado que as tecnologias têm na prática diária das atividades de ensino/aprendizagem na escola pública brasileira, segundo a referida pesquisa. Cerca de 69% dos alunos nunca haviam feito uma experiência de ciências com auxílio das TICs; 55% nunca as haviam empregado para fazer apresentações para a classe; 42% jamais haviam jogado jogos educativos; e nada menos que 82% nunca haviam se comunicado com o professor pela rede.

Apesar de as políticas públicas voltadas para a integração das TICs nas escolas públicas estarem em vigor há cerca de quatorze anos, o alcance de seus objetivos maiores ainda encontrava-se em fase inicial em 2010.

CAPÍTULO 3 | Educação Móvel

Apenas 11% dos alunos disseram que aprenderam a usar computador e internet com um professor ou educador da escola. Aprender com parentes, amigos ou outras pessoas com quem o estudante tem relação pessoal foi a forma mais citada: 43%. Em seguida apareceu o aprendizado solitário, feito pelo estudante por conta própria, com 40%. Cursos específicos foram a forma de aprendizado relatada por 26%.

Em compensação, alunos de séries iniciais, que provavelmente ainda não haviam tido uma introdução à tecnologia por outros meios, beneficiavam-se da alfabetização digital de seus professores. Esses alunos foram os que mais relataram estar aprendendo com os educadores, confirmando o relato dos professores.

De acordo com os docentes, estava entre os professores do 5º ano do ensino fundamental a maior proporção daqueles que ensinavam os alunos a usar as tecnologias. Em contraste, entre alunos do 2º ano do ensino médio, 5% haviam aprendido com educadores e 44% haviam feito curso específico.

Diante do quadro traçado acima e apesar da presença dos equipamentos na vida das pessoas e na sociedade, a pesquisa *TIC Educação 2010* indicou que o professor ainda não estava capacitado para usar as TICs.

O professor brasileiro precisa de capacitação para usar as ferramentas de tecnologia da informação e comunicação na sala de aula.

Um dos principais dados apresentados é pouco surpreendente: 64% dos professores entrevistados concordavam que seus alunos sabiam usar melhor que eles o computador e a internet. Apesar disso, 63% acreditavam que seu nível de habilidade fosse suficiente para realizar as atividades da profissão.

Apesar de programas do governo como Um Computador Por Aluno (UCA) e o Programa Banda Larga nas Escolas, houveram poucas ini-

ciativas no desenvolvimento do uso pedagógico da infraestrutura tecnológica oferecida.

A educação foi atropelada pelas políticas públicas de TICs nas escolas. Raramente se discutiu o uso desse conhecimento nas escolas e como integrar o computador ao processo de aprendizado.

De acordo com a pesquisa, 53% das escolas afirmavam ter programas de capacitação para seus professores. No entanto, 75% dos docentes disseram que sua principal fonte de apoio no desenvolvimento de habilidades tecnológicas vinha do contato informal com outros profissionais da área.

Acontece que a função do educador é guiar o aluno no uso das TICs. Não precisa competir com o aluno em conhecimento, mas sim ser o mediador do processo educativo.

> ▶▶ **É gritante a necessidade de haver uma capacitação para o uso das tecnologias já na formação inicial do professor, e não apenas nos cursos de pedagogia, ou como formação complementar, até para reduzir os custos da capacitação.**

"O processo de ensino-aprendizagem pode ser facilitado pelo uso das tecnologias. Portanto, o celular, na perspectiva de ser uma tecnologia educativa, é mais um recurso para reinventar a didática, no sentido de superar o esquema obsoleto da aula tradicional. Assim, visto como uma ferramenta à disposição do educador e dos que aprendem, poderá otimizar o processo de aquisição de conhecimentos", acredita a professora Andréa Guimarães Phebo, que estimula seus alunos do curso de Educação Artística da Escola de Belas Artes – UFRJ (Universidade Federal do Rio de Janeiro) a pensar projetos para uso do celular como recurso didático interdisciplinar.

O Papel do educador na era digital

TERMOS COMO *mobile learning,* autodidatismo digital e *comunity schooling* (comunidades de aprendizado) ecoam questões como: "para que educar?", "quando?", "quem educar?", "onde?" (em que ambientes: em um barco, em um ônibus, em espaços de convivência?), "alfabetizar milhões ou alfabetizar bem milhares?"

Um filme com um celular pode ajudar a preservar a Amazônia? De que maneira? Levando a Amazônia gigante e difícil de ser visitada para jovens das grandes cidades?

Ao educador o desafio: como inserir os celulares, os computadores portáteis e os tablets no cotidiano escolar, de maneira proveitosa e frutífera para o aprendizado?

> *O educador tem o papel de mediar o conhecimento e a experiência vivida do educando.*

É ele quem tem a preparação técnica para planejar uma atividade, com clareza de seus objetivos, conteúdos, organização do tempo e recursos disponíveis e promovê-la junto aos educandos.

Ao contrário do que muitas pessoas anunciam, o educador jamais será substituído pela tecnologia. Pelo menos dentro de uma concepção de educação libertadora, onde a tarefa do educador comprometido continua sendo a de problematizar. Propor perguntas que façam seus educandos refletirem, seja a partir do celular, da internet, do jornal, da TV, dos livros didáticos, enfim, de qualquer mídia.

Deve-se perguntar sempre: de quem veio essa informação? Quais são os interesses de quem a divulgou? De que forma ela representa o mundo? É confiável? Como podemos comparar essa informação com outras fontes? Também é preciso estimular a leitura da linguagem imagética, porque ela vem imbuída de valores e padrões culturais que determinam concepções de mundo e de sociedade, reafirmam preconceitos e, na era do marketing, vendem produtos e ilusões, na busca pelo lucro.

Além disso, o educador tem o papel de oferecer conhecimentos necessários aos estudantes, para que eles formem suas próprias opiniões. Esse profissional tem de socializar os fatos e, principalmente, ensinar seus educandos a buscar informações, a pesquisar, para que não caiam no risco de acreditarem, por exemplo, em um website que diz que a Ditadura no Brasil nunca aconteceu.

> ▶▶ **Acredito numa pedagogia que se constrói na confiança do grupo, por meio de formação de vínculo e afetividade, o que requer relações humanas.**

Por se tratar de novas tecnologias, a falta de conhecimento das ferramentas, por parte de muitos educadores, incorre no medo de assumir a novidade na sala de aula e "perder a autoridade". Mas, uma vez que temos estudantes que dominam o uso dessa tecnologia, caberia ao educador socializar esse conhecimento ao invés de temê-lo. Como Paulo Freire dizia, o caminho é partir do saber do educando, socializando esses saberes e introduzindo novos, para provocar a curiosidade.

Mas o fato é que o celular, presente na mão de quase toda a população quase o tempo todo, de um possível aliado do processo pedagógico se tornou um vilão na sala de aula.

Boas ideias para usar esses recursos tecnológicos surgem, para instigar a sociedade e a escola. E para avançarmos precisamos preparar os educadores.

O processo de aprendizagem, hoje, é muito menos dependente da escola do que foi no passado. Como podemos contribuir para a educação e as tecnologias móveis? Como a tecnologia pode permitir a autonomia na aprendizagem? Pela mobilidade, praticidade, variedade de recursos para a construção interativa de conhecimento?

> ▶▶ **Isso não quer dizer que a tecnologia é a solução final. Por trás da tecnologia, por trás do telefone celular, há gente.**

67

Desafios para educar a "Geração Mobile"

O novo perfil do professor, denominado "Educador na Era Digital", requer uma formação continuada e contínua, como parte de um processo de atualização e aperfeiçoamento que não cessa e requer desse educador um tempo maior de dedicação além da sala de aula. Paulo Freire falava assim: "o educador há que viver como um ser molhado de seu tempo" (1982), ou seja, atento a todas as novidades.

Estamos preparados para isso? Gestores e políticos têm clara essa noção? O próprio educador percebe essa necessidade?

Um educador bem-sucedido possivelmente é aquele ou aquela que consegue transformar informação em conhecimento, com emoção, diversão, sentimento.

É muito importante refletir sobre a formação continuada de educadores, pensando na perspectiva de que o educador está envolvido com a comunidade, com a sua universidade de formação e com a escola. Como o professor pode manter-se em formação e em serviço atualmente? Como a tecnologia pode ajudar?

Quando pensamos em formação continuada, também devemos pensar na troca de experiências entre docentes. A formação continuada pode acontecer de diferentes formas: através de cursos, de pesquisas, de leitura do mundo, de grupos de estudo e aprofundamentos, da relação com o educando, de conversas com seus pares, de partilha de experiências, com a observação do outro, ou até mesmo através de todos esses recursos ao mesmo tempo. Enfim, temos que deixar o canal da aprendizagem ligado, ininterruptamente. Também pode-se pensar em promover o encontro de escolas da rede, para que cada uma possa apresentar boas práticas de uso das TICs, umas para as outras. A promoção de encontros como esse é fundamental para valorizar o trabalho docente e incentivar o compartilhamento de dificuldades e soluções de quem está no dia a dia da sala de aula. Sem falar na multiplicação de ideias que isso gera!

Além de lembrar da importância de compartilhar as práticas, é preciso que os educadores percam o medo de experimentar e mostrar, também, como superam as dificuldades do dia a dia, que sempre existirão em tecnologia.

Com o advento da internet, das redes sociais e a evolução dos celulares, o educador tem tudo para estar atualizado, aprendendo e compartilhando conhecimento em rede.

Importante lembrar que a opção de colocarmos o educando como protagonista da construção do saber traz muitos avanços, tanto para ele próprio como para seus pares, que muitas vezes entendem melhor a sua linguagem e, ao mesmo tempo, se identificam.

A formação continuada deve ser garantida nas escolas, através de políticas públicas. A carência maior é para a integração das tecnologias na prática pedagógica. No entanto, independentemente dessas políticas, se o professor for um autodidata, o caminho é muito mais curto. Porém, a formação continuada não deve estar limitada apenas à perspectiva profissional, apesar de ser essencial para o desenvolvimento da carreira. A inserção na "cultura mobile" é uma premissa necessária para essa formação.

Possibilidades práticas para educadores

COMO COMEÇAR

a) Investigue o que os estudantes conhecem sobre mídia e como se relacionam com ela.

b) Faça um levantamento dos recursos de que a escola/instituição dispõe. Relacione computadores, televisores, aparelhos de vídeo e DVD, máquinas fotográficas e de vídeo, celulares, gravadores de voz e microfones. Todos esses equipamentos podem ser ferramentas de ensino e devem ser disponibilizados para os educadores e educandos. Não dá para ter um controle autoritário do uso. Empregar novas mídias para favorecer a aprendizagem é falar em processos de criação. Por isso, o ponto de partida é a liberdade de acesso, com responsabilidade!

c) Familiarize-se com o básico do computador e da internet: conhecer processadores de texto, correio eletrônico e mecanismo de busca faz parte do saber mínimo.

d) Antes de iniciar seu plano de ação, **certifique-se** de que você compreende as funções elementares dos aparelhos e aplicativos que pretende usar na atividade.

e) Mapeie os educadores e educandos que possuem recursos tecnológicos e suas capacitações técnicas, pois serão ótimos aliados e parceiros. A parceria não diminui a autoridade do educador. A apropriação do saber e sua postura de educador permitem que seja respeitado pelos seus educandos. Além de ser uma oportunidade de incentivar a solidariedade e a construção coletiva de conhecimentos.

f) Promova a capacitação da equipe pedagógica. Se ainda há estranhamento dos aparelhos ou até no manuseio de um mouse, isso não é motivo de vergonha. Crie um espaço para a formação dentro do horário coletivo de trabalho e passe a refletir sobre a montagem de projetos usando novas mídias. Aproveite sempre os saberes dos educadores que já dominam as linguagens, para compartilhar com os demais.

CAPÍTULO 4 | O papel do educador na era digital

Dicas para experimentar

1. Jornal periódico da escola no celular e na internet, do texto à finalização: os educadores podem pensar em projetos que envolvam todas as disciplinas e fazer um planejamento compartilhado. Em história, os alunos podem produzir notícias sobre algum período histórico, por exemplo. Em matemática, podem criar um encarte feito com fotos de celular com desafios de lógica. Em ciências, podem produzir reportagens sobre higiene e prevenção de doenças; em geografia, sobre relevo e distribuição de moradias da comunidade (falta ou não de planejamento). Vale pensar em alternativas INTERdisciplinares!

2. Redes sociais com personagens históricos: que tal propor e acompanhar os estudantes na inserção de personagens históricos nas redes sociais? Um perfil de Tiradentes, Guimarães Rosa, Clarice Lispector, Einstein, Portinari e tantos outros. Pesquisar pessoas importantes na história da sua comunidade também pode ser uma boa. O importante é sempre partir de um projeto de pesquisa organizado!

3. Experimentar com o áudio: criação de uma rádio, montar audiolivros, interpretar personagens e fatos, narrar acontecimentos, descrever a paisagem do entorno da escola e da comunidade. Com o áudio, a imaginação do ouvinte vai longe. Explore paisagens sonoras!

4. Uma imagem vale por mil palavras: a fotografia tem uma grande força expressiva e vários exercícios podem ser feitos, como retratar a turma, fotografar os equipamentos da escola para preservação, resgatar imagens antigas para socializá-las para mais gente, mapear o meio ambiente do entorno etc. Enfim, utilizar a tecnologia como instrumento pedagógico, onde o conteúdo do currículo terá um grande aliado para o seu aprendizado.

5. Pode-se também pensar no celular como um instrumento de autoavaliação para educadores e educandos, uma vez que essa é uma grande demanda e carência.

Compartilhando algumas experiências mobile

Muito se discute sobre a *linguagem mobile*. Esta surgiu por necessidade, para se poder dizer muito, em pouco tempo e espaço, nas telas de celulares, em meio à correria do dia a dia. Mensagem então virou "msg", texto "txt", abraços "abs" e por aí vai. Fora os símbolos e figuras carregados de significados e que podem agregar ao texto de forma simples (ou fácil). Por exemplo, se achou algo engraçado, acrescenta um "rs" no comentário, uma carinha com sorriso e está dito.

Essa linguagem vem da busca de novos saberes por parte de quem a escreve e caiu como uma luva para os jovens, que vivem brincando com as formas escritas e faladas da língua. E hoje vem contaminando a língua em suas várias manifestações.

Na esteira dessas mudanças, surgiram os e-books (livros eletrônicos), escritos para serem lidos na tela de um computador, e os mob-books, livros feitos para a tela reduzida dos celulares.

Como os educadores podem lidar com isso? De várias formas. Por que não propor trabalhos que tratem da reforma ortográfica e da "linguagem mobile", por exemplo, comparando as formas de escrever em cada tipo de mídia? No universo instigante e criativo dos jovens, seria uma forma de valorizar os saberes e interesses que permeiam o cotidiano da escola e dos estudantes.

Muitas são as aplicações para o celular. Para evitar mais engarrafamentos e poluição, o celular pode ajudar as pessoas a se organizarem, como, por exemplo, compartilhando caronas para ir à escola, ao trabalho ou a alguma atividade de lazer. O aparelhinho também pode ser utilizado para que colegas possam se consultar a respeito de uma tarefa que se esteja realizando.

De exemplos como esses, simples de colocar em prática, até os que exigem mais domínio das ferramentas, abre-se um número enorme de possibilidades com o uso dos dispositivos móveis para a educação.

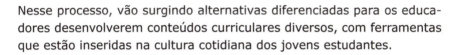

▶▶ **Estimular os estudantes para que exerçam as habilidades de interpretação, síntese, criatividade e construção de linguagens artísticas só pode fazer bem à escola, à comunidade e à sociedade.**

Nesse processo, vão surgindo alternativas diferenciadas para os educadores desenvolverem conteúdos curriculares diversos, com ferramentas que estão inseridas na cultura cotidiana dos jovens estudantes.

Com os smartphones, que oferecem dados em alta velocidade e dispõem de câmera frontal, próxima ao visor, é possível realizar chamadas de vídeoconferência em tempo real. Isso pode ser bastante útil para um educador dar orientação à distancia para grupos de estudos e de trabalhos de alunos.

A maioria dos novos modelos de celulares possui alguma forma de conexão com outros telefones – IrDA (infravermelho) ou bluetooth. Essas tecnologias servem, principalmente, para envio de dados entre telefones, sem custos adicionais. Aliando isso com serviços de mensagens convencionais, os torpedos, muitas escolas têm conseguido manter pais e alunos informados sobre o dia a dia das escolas, com redução drástica do consumo de papel e tinta de impressão.

Para os que estudam estatística e querem fazer uma simulação de um censo, os celulares podem ser usados como instrumentos de coleta e envio de dados.

Giselda dos Santos Costa, do Instituto Federal de Educação, Ciência e Tecnologia do Piauí (IFPI), desenvolveu pesquisa de doutorado sobre o uso de celulares no ensino de inglês com seus alunos de ensino médio, tecnológico e de formação de professores. "Normalmente, o ensino de línguas nas escolas públicas restringe o trabalho do professor a duas habilidades: leitura e escrita. Os celulares favorecem ao professor expandir suas atividades às demais habilidades, falar, ouvir e ver", analisa Giselda.

O professor Suintila Pedreira tem conseguido aumentar os índices de aprendizagem e aprovação de seus alunos de física em Campo Grande, Mato Grosso do Sul, proporcionando a eles resumos e questionários transmitidos via mensagem de celular, os quais podem ser acessados e estudados nos intervalos de trabalho.

Em Minas Gerais, Bahia e São Paulo, a equipe do projeto **Minha Vida Mobile – MVMob** vem trabalhando, desde 2005, com estudantes e educadores na capacitação para produção audiovisual com celulares, bem como no desenvolvimento de tecnologias para integrar escolas e comunidades em projetos multimídia de construção e compartilhamento de conhecimento (saiba mais no próximo capítulo).

Estimulados pela professora Andréa Guimarães Phebo, seus alunos no curso de Educação Artística da Escola de Belas Artes da Universidade Federal do Rio de Janeiro (UFRJ) começaram a pensar projetos para uso do celular como recurso didático interdisciplinar.

CAPÍTULO 4 | O papel do educador na era digital

Uma das propostas que mereceu destaque foi da aluna Ana Carol Siqueira, que propôs que alunos do ensino fundamental e médio utilizassem o celular para estudar arte abstrata. Como? Após uma explicação sobre o conceito da corrente artística, o professor pede para o grupo fotografar algum ponto da sala de aula e, a partir da foto, criar uma pintura abstrata.

Em Palmas-TO, em Goiânia-GO e em cidades do nordeste, a turma do projeto Telinha na Escola trabalha com estudantes na produção de filmes com o celular.

Atividades com o celular também estão contempladas na comunidade virtual *Minha Terra - Aprender a Inovar,* no portal EducaRede. O projeto foi criado com a proposta de promoção do letramento digital e do protagonismo juvenil, por meio da valorização da diversidade cultural e da promoção do desenvolvimento sustentável do planeta.

Já o programa Rede Jovem é uma iniciativa de promoção da participação social e cidadã da juventude através do acesso às novas tecnologias da comunicação e informação, especialmente a internet e o celular, idealizado pela ex-primeira dama Ruth Cardoso, no âmbito dos programas da Comunidade Solidária, em 2000. Os jovens selecionados de comunidades de baixa renda passam a receber vinte mensagens (torpedos) por mês em seus celulares, com oportunidades relacionadas ao trabalho e eventos culturais próximos das comunidades.

Agora que o ensino de música está de volta às escolas, os aparelhos celulares também podem ajudar a todos que buscam uma aprendizagem musical interativa.

O celular tem várias funcionalidades sonoras, que nos permitem utilizá-lo como base para inúmeros exercícios musicais, auxiliando os alunos na compreensão dos conteúdos desejados. Para ampliar essas possibilidades, existem inúmeros softwares ou aplicativos que foram criados para facilitar o processo de ensino-aprendizagem. Pode-se utilizar esses arquivos em vários tópicos, como ritmo, harmonia, melodia, timbre, solfejos, escalas, partituras etc.

Na medicina, o celular já ajuda a medir a pressão, avaliar a taxa de colesterol e controlar a queima de calorias, entre outras utilizações.

Em escolas rurais e em áreas de desmatamentos, o celular foi adotado para ajudar a filmar, fotografar e catalogar espécies vegetais e animais em extinção.

Há certamente muitos outros projetos sendo desenvolvidos no país e fora dele. Citamos aqui alguns exemplos.

Nos supermercados da China você escolhe os produtos e quantidades pelo leitor de código de barras do celular, que emite a cobrança e a ordem de entrega na casa do comprador. Em algumas cidades grandes o celular tem sido útil para saber os horários dos ônibus, em projetos de redefinição dos pontos como terminais digitais. Em outras, os recursos dos aparelhos são aplicados no mapeamento e divulgação de lugares históricos (e turísticos).

▶▶ Os exemplos de apropriação dos aparelhos são muitos e bastante estimulantes, não só nas áreas citadas acima mas em muitas outras, como no esporte, na agropecuária, nas finanças etc.

Em meio às inovações constantes, virar as costas para as tecnologias e suas possibilidades para nos ajudar a viver melhor é cada vez mais difícil.

Como vemos, a mobilidade é um caminho sem volta.

Aplicativos que potencializam o celular

Fruto dos novos tempos, Rafael Costa é um garoto do Distrito Federal que ganhou seu primeiro celular aos oito anos e, aos doze, já ganhava dinheiro com os anúncios veiculados nos cinco aplicativos criados por ele, aprovados na loja da empresa Apple e disponíveis para os modelos iPhone e iPad gratuitamente.

Como ele, muitos outros jovens pelo mundo estão pensando em como tornar o celular algo ainda mais legal e útil.

É nesse contexto que se inserem os desenvolvedores de aplicativos, uma tribo bastante numerosa de verdadeiros apaixonados por tecnologia.

Atualmente, a variedade de aplicativos para potencializar o uso dos aparelhos é imensa e o tempo todo tem gente inventando coisas novas. Na área da educação, os aplicativos servem, por exemplo, para se ensinar e aprender os mais diversos assuntos. Muitos são livres, gratuitos e podem ser instalados em diversos modelos de aparelhos celulares. Outros são cobrados a preços bastante acessíveis. Pesquisando, dá para encontrar alguns incríveis, disponíveis para os principais sistemas operacionais mobile, como o Android e o IOS.

Os exemplos de aplicativos são muitos. Suponhamos que você estivesse procurando aplicativos para trabalhar na educação básica. Poderia usar, por exemplo, o *Comboio da Brincadeira*, que oferece dez jogos bem ilustrados, ajudando a aprender a contar, associar cores, reconhecer sons de animais etc. Tudo no celular. *Física à mão* é ideal para quem tem certa dificuldade em memorizar fórmulas de física, pois conta com rica coleção de expressões e gráficos, abrangendo grande variedade de disciplinas nessa ciência. *Nova ortografia* é divertido e instrutivo para testar os conhecimentos sobre nosso idioma em seu dispositivo móvel. Esse aplicativo pode ser bem oportuno para estudantes e concurseiros. Quanto

mais rápido você responder, maior sua pontuação. *Primeiros passos* é útil para aprender a escrever e ainda permite colorir as letras do abecedário. É um brinquedo educativo ideal para crianças dos quatro aos seis anos. *ABC Palavras* funciona como um alfabetizador. A criança deve formar a palavra mostrada num desenho arrastando as letras.

> ▶▶ **QUAL A SUA DEMANDA?**
> **Procurando poderá encontrar inúmeras soluções para a sua vontade de inovar no processo de ensino-aprendizagem.**

Não podemos perder de vista, entretanto, que o uso de determinada tecnologia provoca mudanças nos modos de aprender, ensinar, pensar, relacionar-se com as demais pessoas e, também, de conceber e desenvolver o currículo.

Como ressalta Kenski (2007), "a presença de uma determinada tecnologia pode induzir profundas mudanças na maneira de organizar o ensino. Existe uma relação direta entre educação e tecnologia. Usamos muitos tipos de tecnologias para aprender e saber mais, e precisamos da educação para aprender e saber mais sobre as tecnologias".

Assim, é importante levar em conta que a incorporação de novas tecnologias aos modos de aprender e ensinar torna necessário repensar o desenvolvimento do currículo.

Com o celular e os aplicativos é possível ampliar o processo de capacitação e formação a distância, rompendo limites entre capital e interior, centro e periferia.

Minha Vida Mobile – MVMob

NESTE CAPÍTULO APRESENTAREMOS um pouco do projeto **Minha Vida Mobile – MVMob**, que vem sendo desenvolvido desde 2005 e tem como foco as TICs, especialmente o celular. O intuito de compartilhar essa experiência é apontar caminhos concretos para a integração dos celulares à educação.

O projeto **Minha Vida Mobile – MVMob** capacita estudantes e educadores para produção de conteúdos audiovisuais com celulares, bem como para o uso das TICs para integrar escolas e comunidades em projetos multimídia de construção e compartilhamento de conhecimento.

As atividades do **MVMob** geram exercícios de interpretação, síntese, categorização, criticidade, organização, relação grupal, autonomia, criatividade, num processo de articulação da alfabetização visual com os saberes da prática social dos educandos. E tudo isso de uma maneira mais prazerosa e envolvente para os estudantes, pois inclui um objeto que faz parte da sua cultura cotidiana e com o qual eles têm intimidade: o celular.

Construção Interativa de Conhecimento

O MVMob realiza oficinas de produção de vídeos, fotos, áudios e notícias com o celular.

O projeto produz tutoriais e materiais de subsídio pedagógico, organiza mostras itinerantes de trabalhos criados por estudantes e educadores e premia os participantes mais destacados.

Além disso, disponibiliza um portal em forma de rede de aprendizagem interativa e intercâmbio cultural aberto e gratuito, acessível em www.mvmob.com.br. Trata-se de um ambiente de aprendizagem online (em expansão), com conteúdos educativos e que pode ser acessado pelo celular ou do computador, de qualquer lugar, a qualquer hora, para aprender, ensinar, compartilhar e conhecer experiências de participantes de várias partes do país.

Ressignificação do celular: o aparelho como ferramenta cultural e pedagógica

O **Minha Vida Mobile - MVMob** foi idealizado em Minas Gerais, como um projeto de pesquisa de usos criativos do celular, justamente no momento em que o aparelho se tornava um vilão nas escolas. Presente na vida dos estudantes, estava sendo usado para filmar aulas, fazer denúncias, provocar bullying, dentre outras situações que fugiam ao alcance dos coordenadores e professores. Momento em que surgiram proibições do aparelho nas escolas, através de leis aprovadas em vários estados.

A adesão ao projeto, por parte dos educadores, no início foi baixa, uma resistência depois compreendida pelo "medo e insegurança" provocados pelas novidades. Pouco a pouco, com o apoio de estudiosos e educadores mais antenados, algumas escolas abriram suas portas e começamos a realizar oficinas e debates sobre as novas tecnologias e a educação.

Assim, cabe às escolas estudarem e incluir em seus projetos político-pedagógicos a presença do equipamento nos planos de aula, de forma emancipadora.

Se o computador ainda é um objeto restrito, o celular está presente em boa parte das escolas, nas mochilas dos alunos de diferentes classes sociais.

O **MVMob** se dispôs a contribuir com esse desafio promovendo a ressignificação do celular: de vilão na sala de aula a aliado no processo de ensino-aprendizagem.

Para tanto, é preciso conscientizar e oferecer formação técnica para os educadores e estudantes, para que tenham a oportunidade de desmistificar essa nova linguagem (ou tecnologia) e conhecê-la com mais profundidade, apropriando-se dela e encontrando o sentido pedagógico que oferece. E é isso que o projeto propõe.

Inclusão criativa e democratização do acesso

O **MVMob** trabalha com metodologias, linguagens e conteúdos para estudantes e educadores de realidades diversas. O público participante, inicialmente, era formado por estudantes e educadores do ensino médio. Contudo, no desenvolvimento do projeto, foram surgindo oportunidades para trabalhar com outros públicos. Assim, os horários, a linguagem e a metodologia foram flexibilizados para garantir essa diversificação.

Dessa forma, passamos a trabalhar com os seguintes públicos: Educação de Jovens e Adultos (EJA), LGBTTS, terceira idade, universitários, trabalhadores de museus e participantes de festivais de cinema.

Para viabilizar a participação gratuita e aberta, o projeto conta com leis de incentivo à cultura e de parcerias com a iniciativa privada.

Até maio de 2012, a equipe do **MVMob** havia capacitado mais de dois mil estudantes e educadores em atividades desenvolvidas em mais de oitenta municípios dos estados de Minas Gerais, São Paulo, Bahia, Goiás, Santa Catarina, Mato Grosso, Pernambuco, Tocantins e Ceará. No mesmo período, o portal já contava com a participação de mais de setecentas escolas de todo o país e mais de cinco mil inscritos, além de reunir um acervo de cerca de quatro mil vídeos, 5.500 fotos e mais de quinhentas peças de áudio produzidas e publicadas.

> ▶▶ Inúmeros são os temas abordados, com destaque para a educação em vários de seus aspectos, as TICs, as relações interpessoais, princípios de convivência, direitos humanos, violências, política, saúde, meio ambiente, família, diversidade cultural (gênero, sexual e étnicorracial), lazer, sonhos, desejos, frustrações, dentre outros. Isso revela a dimensão interdisciplinar deste projeto.

Inovação Educativa

Em junho de 2011, o **MVMob** foi reconhecido como *Inovação Educativa* pela Fundação Telefônica e pela Organização dos Estados Ibero-americanos para a Educação, a Ciência e a Cultura (OEI).

A distinção veio a partir de uma pesquisa desenvolvida durante um ano, sobre inovação em educação com uso de tecnologias da informação e comunicação, as TICs, em especial internet, celular, audiovisual e videogames. O objetivo da pesquisa foi elaborar uma definição conceitual de inovação e apresentar uma lista de projetos inovadores no Brasil.

Desde seu início até agora o **MVMob** foi convidado e apresentado em diversos eventos e instituições, como Campus Party (SP), EducaParty (SP), Seminário "A Sociedade em Rede e a Educação" (SP); Segundo Congresso da Rede Católica de Educação – RCE (SP); Mostra de Cinema Infantil de Florianópolis (SC); Festival de Cinema na Floresta (Alta Floresta, Mato Grosso); Semana de Educação e Artes Digitais (Palmas, Tocantins); Núcleo Amigo do Professor – NAP (MG); Valores de Minas (MG); Instituto Lina Galvani (MG); MobileExperts (SP); Mobile Monday (SP); MobileCamp (SP); Seminário "A Sociedade em Rede e o Teatro" (Fortaleza, Ceará), "Dia

> ### MVMob é
> ### Inovação Educativa
> Um reconhecimento da Fundação Telefônica em parceria com o IDIE (Instituto para o Desenvolvimento e a Inovação Educativa) da OEI (Organização dos Estados Ibero-americanos).

Mundial do Espanhol" – Instituto Cervantes (SP), USP – Universidade de São Paulo; Universidade Anhembi-Morumbi (SP); PUC-MG (Pontifícia Universidade Católica de Minas Gerais); Centro Universitário Newton Paiva (MG); União Nacional dos Estudantes (UNE); SaferNet; Centro de Referência Integral de Adolescentes – CRIA (BA), entre outros.

Por intermédio do Movimento Gay de Minas (MGM), onde foi realizada oficina do **MVMob** em Juiz de Fora/MG, o Ministério da Saúde e a Organização das Nações Unidas (ONU) convidaram o **MVMob** para ministrar oficinas, em Brasília, para travestis de todo o país. Com a ONG Caminho de Abraão, trabalhamos na orientação de estudantes de Relações Exteriores da FAAP (SP) para registros mobile de visitas ao Oriente Médio. Com o Instituto Deco 20, do jogador de futebol de mesmo nome, trabalhamos com jovens em situação de risco. Em oficinas em museus de Minas Gerais, surgiram propostas para a apropriação do celular no ambiente expositivo e de registro de memória.

O **MVMob** também vem servindo de subsídio pedagógico para estudantes e seus Trabalhos de Conclusão de Curso, os TCCs, bem como para mestrandos e doutorandos interessados em aproximar as TICs da educação.

CAPÍTULO 5 | Minha Vida Mobile – MVMob

Educadores móveis e a "Geração Mobile"

No decorrer do projeto, temos percebido que as oficinas e ações desenvolvidas têm contribuído para a superação do medo do educador diante dos saberes do educando, como vemos na fala de vários educadores participantes.

Professora do curso de Psicologia da FUMEC-MG, Carmen Cristina acredita que "se o aluno entra no processo de aprender a aprender, então ele pode ser sujeito de seu processo de aprendizagem, com uma possibilidade crítica maior com relação a toda essa gama de informações

"O uso da tecnologia e das linguagens midiáticas é importante no processo de ensino-aprendizagem. Se o aluno não consegue ver sentido naquilo que a gente ensina, é porque, provavelmente, a estratégia não tem sido a melhor, nem a metodologia. O mundo hoje é a sociedade da informação e os meninos já nascem com chips", **CARLOS ALBERTO MENDES, PROFESSOR DA REDE PÚBLICA DE SÃO PAULO E COORDENADOR DO PROJETO "NAS ONDAS DO RÁDIO".**

que nós temos hoje". Já Savina Allodi, professora do ensino fundamental de São Paulo, pontua que "é muito importante que a escola, os pais e a sociedade, de forma geral, conheçam e respeitem outras formas de aprender".

"Com o computador, com o celular não vai ter mais jeito de a escola correr dessas tecnologias, que podem ser usadas para a gente realmente desenvolver a autonomia da aprendizagem, que é realmente o mais importante na vida desses meninos", acredita Carla Coscarelli, professora da Faculdade de Letras da UFMG.

Interessante é perceber que, apesar da carência de formação técnica, em todo lugar tem gente boa querendo compartilhar. "É com muita felicidade que vejo o resultado de um trabalho como este dando frutos. Com certeza estaremos incentivando mais produções audiovisuais em nosso município, principalmente envolvendo crianças e a juventude, tanto dentro quanto fora das escolas. Faço como gratidão e dever pelo belíssimo trabalho que vocês fazem de aproximar o audiovisual com a educação gerando conhecimento", entusiasma-se o realizador audiovisual e educador Marcelo Moreira Bazílio, de Alta Floresta, Mato Grosso.

> *"Devemos usar as novas tecnologias como recursos para ajudar os alunos a ter mais interesse nas aulas"*,
> **LUCIONE CASTRO, PROFESSORA DA REDE MUNICIPAL DE JUIZ DE FORA, MINAS GERAIS.**

As descobertas e revelações falam por si. "Eu não conhecia o projeto, mas via potencialidade... Pra mim, foi maravilhoso. Ontem fiz avaliação com os alunos que participaram, e vários perguntaram se poderia ter oficinas para mais alunos, se poderia ter um segundo momento. Para mim, demonstrou que o celular pode ser utilizado em sala de aula, voltado para o pedagógico. A professora de Português gostou tanto dos resultados que já está desenvolvendo uma atividade com celular na classe. Foi fantástico. Conscientizou os alunos sobre o uso do celular e eles devem ter comentado em casa, as famílias devem estar acompanhando os trabalhos dos filhos no site", relatou Antônio Lídio, diretor da Escola Yêda Barradas Carneiro, da cidade de Candeias, na Bahia.

Quando a educadora ou o educador é mãe ou pai, os relatos de experiências ganham carga dramática, como discorre Adriana di Macedo, de Búzios/RJ: "Adorei saber do site do **MVMob**. Sou professora e acho que essa ideia de trabalhar com o celular em sala de aula já deve ser levada mais a sério por educadores. Na escola de meu filho, querem proibir os celulares e usar até força policial para isso, acho um exagero e só vai trazer danos para a escola agir assim. Como educadora, sugeri o uso do aparelho didaticamente, mas os educadores acham muito complicado, 'trabalhoso' e acho que não sabem por onde começar, pois muitos também ainda não tomaram intimidade com essas novas tecnologias. O site acho que pode ajudar com isso. Mas como podemos fazer para ter uma oficina de capacitação em minha cidade? Por favor, me respondam, pois a escola e o descontrole a que chegou o uso do celular por parte dos alunos chegou a um ponto que está enlouquecendo os professores".

Nesse e em outros casos, em que escolas, secretarias de educação e outras instituições perguntam como receber as atividades do **MVMob**, a vontade de compartilhar requer parcerias para viabilizar os custos, já que as leis de incentivo são regionais.

"Eu adorei a ideia de trabalhar com os jovens com algo que é tão atual nas nossas vidas e que valoriza muito bem a ideia de todos de forma criativa. E os profissionais com que o **MVMob** trabalha são ótimos, pois facilitam muito bem a nossa forma de expressão. No mundo em que vivemos hoje, isso é muito importante para que os jovens saiam um pouco da rotina e usem a criatividade para algo que vai servir pra vida toda. O que é mais importante é ver isso tudo funcionando dentro da escola, que é um local onde labutamos com jovens de várias classes e idades. Agradeço a oportunidade que essa equipe fantástica ofereceu para nós!!!", comentou a professora Adriana Calmon em matéria publicada no Vivo-Blog sobre o **MVMob**. O mesmo fez a professora Poliana G. Figueiredo:

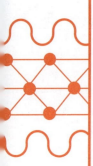

▶▶ *"Ótima iniciativa. Não há mais como se esconder das tecnologias que vêm surgindo e tomando conta também do universo infantil e juvenil. As escolas devem sim apropriar-se dessas ferramentas e torná-las pedagógicas. Deverá isto fazer parte também da formação dos novos educadores, pois muitos nem conseguem trabalhar com o computador, imagina com as inúmeras outras tecnologias que vêm surgindo!!! Acredito que essas novas ferramentas podem e devem fazer parte do ambiente educacional escolar. Se os professores conseguirem tomar esses avanços não apenas como meros avanços, mas como um avanço pedagógico, então salve!!!"*

Ainda sobre a matéria no VivoBlog, Francisca Botelho publicou: "Essa proposta é muito bacana... Sou de São Paulo e trabalho na escola pública, vejo muita necessidade desse tipo de trabalho com meus alunos adolescentes e não tenho conhecimento para proporcionar isso. O pouco que temos de formações lá na escola nunca traz essas questões contemporâneas, como o celular, que desperta o interesse dos jovens. Isso faz com que fiquemos para trás, excluídos, nós professores e os alunos. Acho que as empresas PRECISAM investir nisso, contribuir para saídas educacionais, pois a educação está falida".

CAPÍTULO 5 | Minha Vida Mobile – MVMob

O educador David Aval vai além: "o **MVMob** parece ter o caráter de revolucionar o paradigma da educação no Brasil. Diante da falha do atual sistema, ele propõe uma luz efetiva, fazendo a ponte entre a velha forma presencial e todas as possibilidades proporcionadas pelo avanço tecnológico. Tendo o celular como a ferramenta ideal de interação, 'instiga' a brilhante geração que aponta no arejado horizonte. É um belo horizonte..."

Esses e outros relatos de educadores e pesquisadores contribuem para o entendimento do processo que o **MVMob** desenvolve. E também nos estimula na caminhada.

Mas não para por aí. O **MVMob** também virou tema de pesquisas acadêmicas, em universidades de vários estados. "Desde minha dissertação de mestrado me interesso pelas questões que unem juventudes e tecnologia, apontando que as linguagens desenvolvidas a partir das mídias digitais fazem parte dos nossos modos de ser e precisam ser consideradas pela educação. Há algum tempo acompanho o trabalho do **MVMob** e acho maravilhoso! Incluir o celular nas práticas escolares é uma das questões que motiva meus estudos para o doutorado", disse Helenice Mirabelli Cassino Ferreira, então doutoranda de educação pela universidade do Estado do Rio de Janeiro (UERJ). Marcos Paulo Lopes Pessoa, professor de Português na escola Sulamericana COC, em Salvador, e que também trabalha com formação do professor sobre tecnologia e educação, apresenta o **MVMob** em suas oficinas de mobilidade e educação, incentivando os professores a participarem e levarem a seus gestores. O curso que ele oferece faz parte de tirocínio docente do mestrado sobre educação e tecnologias, conforme relatou. Segundo Claudia Torres, professora de arte (cinema de animação, videoarte e arte interativa) do Colégio Pitágoras, em Belo Horizonte, Minas Gerais, foi um aluno que lhe deu a dica do **MVMob**: "Para o seu conhecimento, dou aula via satélite para seiscentas escolas em todo Brasil, tendo como eixo norteador as mídias interativas, e o **MVMob** faz parte de um dos blocos da aula. Mais uma vez, utilizarei o **MVMob** como meio para divulgação, interação e avaliação dos trabalhos. Está sendo motivador demais para meus alunos. Para mim, então, nem se fala."

Às vezes não temos ideia da força de nossas ações e nos emocionamos com o que ouvimos. Em 2011, depois de uma semana de oficinas em Lagoa do Carro, cidadezinha a 70 Km do Recife, em Pernambuco, recebemos um e-mail da Secretaria de Cultura, Turismo e Desporto do município, enviado por Risolange Rodrigues: "Os ensinamentos que vocês compartilharam foram importantíssimos para a vida escolar e familiar dos que fizeram a oficina. Fizemos uma Gincana Cultural e uma das provas era justamente um vídeo com o celular. O tema para os vídeos foi 'como os alunos viam a sua cidade' e os resultados foram surpreendentes", relatou.

O entusiasmo é energia para quem trabalha com educação. Em muitas das instituições de ensino formal e não formal onde estamos trabalhando, temos visto participantes se descobrirem, se transformarem e dizerem:

"Eu também posso ser autor", "eu também tenho voz", "alguém me escuta", "alguém tem interesse no que eu penso".

De estudantes recolhemos frases como:

"Porque é bom entrar no mundo da tecnologia, saber mais sobre essas maravilhas"; "a gente aprende e vê que o celular não é só um meio de comunicação"; "eu não sabia que um celular era capaz de produzir tudo isso"; "algumas pessoas usam o celular de maneira maldosa. Então, é bom saber que podemos fazer coisas boas e úteis com o aparelho"; "porque usando a criatividade dá para fazer coisas incríveis".

E não há como não se emocionar, ao final das atividades preparadas, ao se ouvir frases como "eu nunca tinha participado de uma oficina"; "o projeto faz com que as pessoas se sintam descontraídas e bem"; "porque nós tivemos liberdade para produzir de uma forma bem interativa, isso melhora o aprendizado"; "me deixou bastante realizado ao ver minha capacidade".

Alguns desses participantes possuíam boa intimidade com o celular. Mas mesmo os que dominavam menos as novas tecnologias se mostraram dispostos a aprender, como eles próprios relataram: "é novidade para muitos, mas cada vez mais a gente vai aprendendo com esses novos meios"; "conseguimos aprender de uma forma prática e divertida".

> "Aprendi que tudo está em minhas mãos e que sou como uma caixa cheia de ideias, que precisa ser aberta para a criação de projetos".

Cidadania Mobile: sustentabilidade, saúde, meio ambiente e ética

Sustentabilidade móvel

É responsabilidade de todos nós refletir a respeito e agir em prol da sustentabilidade.

Sustentabilidade é um termo usado para definir ações e atividades humanas que visam suprir as necessidades atuais dos seres humanos, sem comprometer o futuro das próximas gerações. Ou seja, a sustentabilidade está diretamente relacionada ao desenvolvimento econômico e material sem agredir o meio ambiente, usando os recursos naturais de forma inteligente, para que eles se mantenham no futuro. Seguindo esses parâmetros, a humanidade pode garantir o desenvolvimento sustentável.

A adoção de ações de sustentabilidade pode garantir a médio e longo prazo um planeta em boas condições para o desenvolvimento das diversas formas de vida, inclusive a humana, e preservar os recursos naturais necessários para as próximas gerações (florestas, matas, rios, lagos, oceanos).

Carregar a bateria do celular com energia elétrica, bem como tomar banho, ver TV, usar o elevador ou o computador, entre outras ações que fazem parte do nosso cotidiano, acarretam impactos ambientais, sociais e econômicos. Se, por um lado, há quem não perceba que suas atitudes impactam o coletivo e têm efeitos de longo prazo, por outro existem aqueles que consomem de acordo com os recursos – naturais e econômicos – que possuímos, sem esquecer as gerações futuras.

Nesse sentido, o **MVMob** não incentiva o consumo de aparelhos celulares de qualquer marca ou modelo, mas sim sua apropriação consciente e criativa, para construir e compartilhar conhecimento. Mesmo os aparelhos mais simples podem ser apropriados de forma criativa.

Mas não para por aí. Pensar na promoção do desenvolvimento sustentável dentro das escolas, nas comunidades, municípios e estados por onde passamos implica debater sobre o uso consciente e abordar a questão da reciclagem de aparelhos e acessórios.

CAPÍTULO 6 | Cidadania Mobile: sustentabilidade, saúde, meio ambiente e ética

Impactos na saúde

A transmissão das informações nos celulares é feita pela radiação eletromagnética. Por isso, não tardaram a aparecer manifestações de preocupação com a segurança dos usuários desses aparelhos.

Os raios infravermelhos, ultravioletas e a luz emitida pelo sol são exemplos de ondas eletromagnéticas. No início do século XIX, o homem começou a controlar essa radiação. Assim, viabilizou-se o surgimento do rádio, da televisão, do motor elétrico e de tantas outras tecnologias, que tornaram possível a vida como conhecemos hoje.

> *A radiação, dependendo de seu tipo, pode causar danos graves à saúde das pessoas.*

A comunicação é umas das aplicações mais comuns da radiação eletromagnética. É o que possibilita, por exemplo, que aparelhos de rádio-amador e *walkie-talkies* funcionem.

Nenhuma dessas máquinas, porém, jamais chegou perto da popularidade alcançada pelos celulares. Sua presença tão constante em nossas vidas não poderia deixar de levantar especulações sobre os efeitos de seu uso em nosso corpo.

A suspeita de efeitos colaterais estimulou o surgimento de diversas pesquisas e fez com que governos como os da Áustria, França, Alemanha e Suécia, para citar alguns, recomendassem a seus cidadãos medidas para minimizar a exposição.

ENTRE ESSAS RECOMENDAÇÕES ESTÃO DICAS COMO:

- **O uso de fones para diminuir a emanação de radiação na cabeça.**
- **Manter o celular longe do corpo e não usar o aparelho dentro de um carro.**

▶▶ **O efeito minimizador dos danos com essas precauções não é um consenso entre quem estuda o assunto.**

Outra questão que suscita polêmica diz respeito à utilização de celular no trânsito, por quem dirige. Além de proibido, sujeito à multa e pontos na carteira do condutor do veículo, causa distração no motorista e vem provocando vários acidentes. Muitas mortes já foram causadas pelo uso indevido. Se você é motorista, fique atento.

Reciclagem de celulares

Quando se fala em lixo eletrônico, é mais comum as pessoas pensarem no descarte de computadores, TVs, liquidificadores, rádios, entre outros aparelhos. O que acontece é que, hoje em dia, os eletrônicos estão em toda parte: quase tudo já conta com algum tipo de componente eletrônico.

E os celulares já começam a contribuir bastante para a quantidade de lixo eletrônico acumulada no mundo. Com mais de quatro bilhões de celulares em uso atualmente, é de se esperar que o descarte de aparelhos velhos, danificados, baterias e acessórios, com muitos elementos tóxicos, seja grande no Brasil e no mundo.

Celular é um aparelho eletrônico que as pessoas trocam com muita frequência e elas, normalmente, não sabem o que fazer com seus equipamentos velhos. Muitas vezes, o valor para revenda do aparelho é muito baixo ou simplesmente não existe valor comercial. As pessoas acabam guardando aparelhos celulares, baterias, carregadores e cabos nos armários, gavetas, caixas e em vários outros lugares.

O que poucos sabem é que existe uma forma de reciclar aparelhos celulares e acessórios.

> ▶▶ **Dependendo do modelo, 65 a 80% de um aparelho celular e seus componentes podem ser reciclados.**

Para o bem do meio ambiente, iniciativas (ainda tímidas) começam a surgir. Fabricantes e operadoras vêm instalando urnas coletoras de celulares usados em suas lojas. Os resíduos são, depois, recolhidos e processados por empresas ou centros de reciclagem.

Cabe a cada um e ao coletivo se conscientizar. Se você tiver aparelhos, baterias e outros produtos não mais em uso procure se orientar sobre a melhor forma de descartá-los, nos lugares corretos.

Vale citar a experiência de centros de reciclagem quem vêm sendo criados em várias cidades para recolher e processar aparelhos eletrônicos obsoletos, inclusive celulares. Essas iniciativas contribuem para a preservação do meio ambiente e ainda geram oportunidades de trabalho para jovens e adultos.

A ética digital

O universo mobile e a internet são espaços sociais. Ainda que num plano virtual, são territórios permeados pelas relações humanas e suas implicações. Por se tratar de algo novo, ainda há muitas opiniões diferentes e ações que geram polêmica sobre as permissões e limitações de usos dessas mídias.

Quando decidimos trabalhar com o mundo digital, precisamos incluir essa discussão nos nossos conteúdos. Faz parte desse trabalho orientar e refle-

tir, com os educadores e educandos, sobre as regras de convivência para o uso seguro e respeitoso das TICs. Isso pode se transformar numa interessante oportunidade para debatermos diversidade cultural, direitos humanos e autorais, entre outros temas que são conteúdos curriculares obrigatórios e fundamentais na formação dos sujeitos. Ademais, é dever dos adultos proteger as crianças e adolescentes (Estatuto da Criança e do Adolescente, Lei 8069/90).

> *Façamos deste momento uma oportunidade para estudar e aprender sobre ética na escola, em casa, em todo lugar!*

Reflita com a turma, com a galera, com os familiares e os amigos sobre o conteúdo de celulares, bem como de sites, blogs, fotoblogs e perfis em redes sociais. Questione sobre qual o nível de exposição adequado, lembrando que cada um é responsável por aquilo que publica e irá responder por isso.

Pesquise materiais sobre orientações de navegação e compartilhamento de conteúdos e traga para o espaço educativo. Assim como as notícias polêmicas sobre os usos inadequados.

Glossário Mobile

QUALQUER PROCESSO DE ENSINO-APRENDIZAGEM deve levar em conta a questão da linguística. Para nos sentirmos confortáveis para experimentar, é preciso compreender o significado do novo e se apropriar dos signos que envolvem a temática. No caso específico do universo mobile, onde a maior parte dos conceitos são apresentados na língua inglesa, o educador deve redobrar sua atenção para que os educandos, de diferentes grupos, sintam-se incluídos e aptos para a construção do saber mobile. Fique atento a estes termos, expressões, palavras e siglas e vá se inteirando. Pesquise e não tenha vergonha de perguntar!

Aplicativo: Programa ou software para computador ou telefone celular, criado para facilitar a realização de um trabalho específico.

Backup: refere-se à cópia de dados de um dispositivo para o outro, com o objetivo de, posteriormente, recuperá-los, caso haja necessidade ou algum problema com os dados originais. No celular, você pode fazer *backup* da lista telefônica, dos conteúdos gravados e de outros dados.

Banda (A, B etc): bandas de frequências para o celular no Brasil. Estão disponíveis para o celular no país (SMP) frequências nas bandas de: 850 MHz, antigas bandas A e B; 900 MHz, bandas de extensão utilizadas pelo GSM; 1700 e 1800 MHz, bandas D, E e subfaixas de extensão utilizadas pelo GSM; 1900 e 2100 MHZ destinadas na sua maior parte para sistemas 3G.

Banda Larga: conexão à internet com capacidade acima daquela conseguida, usualmente, em conexão discada via sistema telefônico. Não há uma definição de métrica de banda larga que seja aceita por todos, mas é comum que conexões em banda larga sejam permanentes e não comutadas, como as conexões discadas. Mede-se a banda em bps (bits por segundo) ou seus múltiplos, Kbps e Mbps. Banda larga, usualmente, compreende conexões com mais de 100 Kbps, porém, esse limite é muito variável, de país para país e de serviço para serviço.

Bluetooth: é uma tecnologia de transmissão de dados via sinais de rádio de alta frequência, entre dispositivos eletrônicos próximos. A distância ideal é de no máximo 10 metros e a distância máxima é de 100 metros, atingida apenas em situações ideais. Um dos trunfos é o fato de os transmissores serem baratos e pequenos o suficiente para serem incluídos em praticamente qualquer tipo de dispositivo, em computadores, celulares, mouses, teclados, consoles de jogos (*joysticks*), fones de ouvido etc. O bluetooth permite imaginar espaços onde tudo estaria ligado entre si e à internet, a cafeteira poderia ligar para o seu celular para avisar que o café acabou, a geladeira mandar um e-mail avisando que está sem gelo e por aí vai.

Browsers: também conhecidos como navegadores, funcinam como portas de acesso aos conteúdos da internet. Exemplos: Firefox, Safari, Chrome, Internet Explorer (IE), Opera.

Bullying: pode ser traduzido como "brincadeiras que ferem", muito comuns entre os estudantes e em outros espaços sociais.

Caracteres: letras e números, que podem ser em caixa baixa, minúscula, ou em caixa alta, maiúscula.

Chip: em eletrônica, um circuito integrado (também conhecido como CI, microcomputador, microchip, chip de silício ou chipe). É um circuito miniaturizado, composto principalmente por dispositivos semicondutores. Os chips são usados em quase todos os equipamentos eletrônicos hoje e revolucionaram o mundo da eletrônica.

Codec: significa compactador-descompactador e também codificador-decodificador. É um software que transforma um arquivo de áudio e/ou de vídeo de um formato em outro, como, por exemplo, um arquivo AVI em outro no formato MPEG1 ou

MPEG2. Quando isso acontece, o formato final é bem menor que o original. Isso acontece através de um algoritmo que encontra bytes repetitivos dentro do arquivo de origem e os grava uma única vez no arquivo de destino, que fica muito menor. Configurando o codec para uma maior compactação, ocorrerá uma maior perda de nitidez ou resolução. Faz-se isso ajustando um parâmetro de configuração chamado bit-rate. Deve-se ajustar o *bit-rate* até se encontrar uma relação tamanho/nitidez satisfatória. O software Divx vem pré-ajustado para gerar videos 10x menores, sem que se note a perda. Alguns softwares de captura de vídeo permitem definir um codec para que o vídeo seja compactado durante a captura, o que dispensa uma compactação posterior. Um exemplo disso é o Iuvcr.

Código aberto: software que pode ser distribuído gratuitamente e cujo código fonte pode ser livremente editado / modificado. O termo código aberto, ou *open source* em inglês, também se refere ao software livre. Qualquer licença de software livre é também uma licença de código aberto.

Computador de mesa (desktop/PC): os computadores "tradicionais" são os de mesa, também conhecidos como desktop (que significa "sobre a mesa") ou PC *(Personal Computer,* computadores pessoais).

Computador portátil: computador que tem as mesmas funções do computador de mesa, mas que é menor, mais compacto e fácil de transportar. Laptop, netbook, notebook e tablet são nomes em inglês geralmente usados para os tipos de computadores portáteis. O uso do computador portátil vem aumentando, pela sua facilidade de transporte.

Conexão via celular: acesso à internet que utiliza transmissão sem fio de longo alcance das redes de telefonia móvel.

Conexão discada: conexão comutada à internet, realizada por meio de um modem analógico e uma linha da rede de telefonia fixa, que requer que o modem disque um número telefônico para realizar o acesso.

GLOSSÁRIO MOBILE

Conexão via rádio: conexão à internet sem fio, de longo alcance, que utiliza radiofrequências para transmitir sinais de dados (e prover o acesso à rede) entre pontos fixos.

Conexão via satélite: conexão à internet sem fio, de longo alcance, que utiliza satélites para transmitir sinais de dados (prover acesso à rede) entre pontos fixos distantes entre si.

Console de jogo: um console de jogo é um aparelho conectado à TV ou ao computador, para jogos eletrônicos, os games. Playstation e Game Box são os exemplos mais comuns de consoles de jogo. Alguns aparelhos mais modernos de console de jogos têm acesso à internet.

Desktop/PC: ver "computador de mesa".

Device: aparelho, a exemplo de um aparelho celular.

Dial-up, conexão: ver "conexão discada".

Download: é a transferência de um arquivo de um computador remoto/site para o seu computador local ou celular. No Brasil, é comum usar o termo "baixar" arquivos com o mesmo sentido que "fazer download". No sentido contrário, ou seja, do computador do usuário ao computador remoto, a transferência de arquivos é conhecida como "upload".

DSL: sigla de *Digital Subscriber Line*. É uma tecnologia que permite a transmissão digital de dados, utilizando a infraestrutura da rede de telefonia fixa que há em residências e empresas.

E-book: livros eletrônicos, feitos para ler na tela do celular ou do computador.

E-learning: aprendizagem mediada por um computador.

103

E-mail: quer dizer correio eletrônico. Refere-se a um endereço eletrônico, ou seja, uma caixa postal para trocar mensagens pela internet. Para enviar qualquer mensagem para um determinado usuário, é necessário escrever seu endereço eletrônico.

F

Flashmob: Movimento de pessoas mobilizadas por celular (ou redes sociais) que se reúnem para um ato político ou artístico instantâneo e se dispersam em questão de minutos.

Fps: *frames* por segundo. *Frames* são como fotos, fotos que compõem um vídeo (imagens em movimento).

G

Gadget: é uma gíria tecnológica recente, que se refere a, genericamente, um equipamento que tem um propósito e uma função específica, prática e útil no cotidiano. São comumente chamados de gadgets dispositivos eletrônicos portáteis, como celulares, tocadores de música, entre outros. Em outras palavras, é uma "geringonça" eletrônica. Na internet, ou mesmo dentro de algum sistema computacional (sistema operacional, navegador web ou desktop), chama-se também de gadget algum pequeno software, pequeno módulo, ferramenta ou serviço que pode ser agregado a um ambiente maior.

GPS: do original inglês *Global Positioning System*, é um sistema de navegação por satélite que fornece a um aparelho receptor móvel a posição do mesmo, assim como informação horária, a qualquer momento e em qualquer lugar na Terra, desde que o receptor se encontre no campo de visão de quatro satélites GPS.

H

Handset: aparelho telefônico móvel.

Hardware: a parte física, material, do computador ou celular.

GLOSSÁRIO MOBILE

Esses aparelhos se dividem em duas partes: a parte física, palpável, que é chamada de hardware, e a parte não física, os programas, criados para facilitar a realização de um trabalho específico pelas pessoas ou pelas máquinas, chamados de softwares ou aplicativos.

I

IP: *Internet Protocol* ou Protocolo de internet é um protocolo de comunicação usado entre duas ou mais máquinas em rede, para encaminhamento dos dados.

IrDA: são mecanismos de conexão com outros equipamentos-com o uso do infravermelho, permitindo o envio de dados. Ver "bluetooth".

K

Kbps: abreviação de kilobits por segundo. É uma unidade de medida de transmissão de dados equivalente a 1000 bits por segundo.

L

LAN: sigla de *Local Area Network*, rede de área local, utilizada na interconexão de computadores e equipamentos dentro de uma mesma edificação ou de um grupo de edificações próximas, com a finalidade de permitir aos usuários a troca de dados, compartilhamento de impressoras, o manejo de um computador comum etc.

Lan house: é um estabelecimento comercial onde pessoas podem pagar para utilizar um computador com acesso à internet, para fins diversos. Os computadores de uma *lan house* estão ligados em rede uns aos outros, o que torna possível jogar um determinado jogo com vários jogadores em computadores diferentes ao mesmo tempo (uns contra outros, por exemplo).

Laptop: ver "computador portátil".

LGBTTS: refere-se à orientação sexual – Lésbicas, Gays, Bissexuais, Travestis, Transexuais e Simpatizantes.

105

Link: endereço virtual para acessar uma página na internet.

Linux: sistema operacional da família Unix, de código aberto, desenvolvido inicialmente por Linus Torvalds e que conta hoje com milhares de desenvolvedores em colaboração.

M-learning ou Mobile Learning: quer dizer aprendizagem com mobilidade. Sua definição envolve a utilização das TICs (Tecnologias da Informação e da Comunicação), com especial destaque para o celular, em processos de aprendizagem, mas não se resume a isso. Quer dizer, não basta usar um celular para registrar uma atividade de campo durante uma aula de biologia para caracterizar o *M-learning*. Uma característica fundamental é a mobilidade dos aprendizes.

Mbps: abreviação de megabits por segundo. É uma unidade de medida de transmissão de dados equivalente a 1000 kilobits por segundo.

Microsoft Office: programa de computador que permite criar e editar textos.

MMS: *Multimedia Messaging Service*, Serviço de Mensagens Multimídia, funcionalidade que permite aos telefones celulares digitais enviar e receber mensagens acrescidas de recursos audiovisuais, como fotos, sons e vídeos.

Modem: equipamento que converte sinais digitais derivados de um computador ou outro aparelho digital em sinais analógicos para transmiti-los por uma linha tradicional de telefone (fios de cobre trançados) e que converte sinais analógicos em sinais digitais para serem lidos por um computador ou outro aparelho. Seu nome vem da justaposição de Mo (modulador) com Dem (demodulador).

MP3: formato de áudio.

Multitouch: multitoque é uma tecnologia de interação ho-

GLOSSÁRIO MOBILE

mem-máquina através do tato que reconhece múltiplos contatos simultaneamente, possibilitando uma manipulação natural do sistema através das mãos (ou outros dispositivos de toque) dos usuários. Esta tecnologia permite ainda que uma aplicação seja utilizada colaborativamente por vários usuários, em simultâneo.

N

Netbook: ver "computador portátil".

Notebook: ver "computador portátil".

O

On-line: ao pé da letra, "em linha". Significa "disponível" eletronicamente no momento. Ligado.

Open source: ver "código aberto".

P

Página na internet (webpage): a internet (web) funciona como uma grande coleção de locais de informação agrupados. Cada página de informação de um agrupamento é uma *webpage*. O agrupamento dessas páginas denomina-se "website", que significa literalmente um "local na rede" e pode ter diversas páginas.

PC (Personal Computer): ver "computador de mesa".

Pendrive: dispositivo móvel de armazenamento de dados que utiliza memória *flash* e uma entrada *USB*. Sua capacidade de armazenamento vai de megabytes a alguns gigabytes.

PIN: o *Personal Identification Number* é um número de identificação semelhante a uma senha para acesso a uma nova sessão da navegação. O *PIN* é geralmente usado para o acesso a contas de celular e bancárias.

Pixel: A palavra pixel vem da aglutinação de *Picture* e *Element*, ou seja, elemento de imagem, sendo *Pix* a abreviatura em inglês para *Picture*. É o menor elemento num dispositivo de exibição (como um monitor), ao qual é possível atribuir-se uma cor. De uma forma mais simples, um pixel é o menor ponto que forma uma imagem digital, sendo que o conjunto de milhares de pixels forma a imagem inteira. Num monitor colorido, cada pixel é composto por um conjunto de três pontos: verde, vermelho e azul. Nos melhores monitores, cada um desses pontos é capaz de exibir 256 tonalidades diferentes (o equivalente a 8 bits) – combinando tonalidades dos três pontos é então possível exibir pouco mais de 16.7 milhões de cores diferentes. Em resolução de 640 x 480 temos 307.200 pixels;, a 800 x 600 temos 480.000 pixels; a 1024 x 768 temos 786.432 pixels e assim por diante.

Post: Comentário em forma de texto ou disponibilização de conteúdo em algum site, para acesso restrito ou público (Ex: Postei um novo texto no meu blog).

PowerPoint: programa de computador que permite criar apresentações com textos, imagens e animações.

Realidade virtual: técnica avançada de interface em que o usuário pode realizar imersão, navegação e interação em um ambiente sintético tridimensional gerado por computador, utilizando canais multissensoriais, com o objetivo de criar, de forma fidedigna, uma sensação de realidade.

Ringtone: simulação de música ou som utilizado como toque de telefone celular. São diferentes dos *truetones*, que são toques de celular feitos com músicas.

Servidor: é um computador que fornece serviços a dispositivos e computadores ligados remotamente (clientes). É muito utilizado para armazenamento de arquivos e correio eletrônico.

GLOSSÁRIO MOBILE

Sistema operacional: conjunto de programas e aplicativos que servem de interface entre o usuário e o computador ou entre o usuário e o celular. O sistema operacional gerencia os recursos de hardware do computador ou do celular, via software. Os mais conhecidos sistemas operacionais para computadores são: Windows, Linux, IOS. Os mais conhecidos para celulares são: Android, IOS, Symbian e Windows Mobile.

Skype: software que permite comunicação de voz pela internet através de conexões sobre VoIP (Voz sobre IP) e pode substituir a linha telefônica tradicional.

Smartcard: é um cartão que geralmente assemelha-se, em forma e tamanho, a um cartão de crédito convencional de plástico, mas que possui eletrônica embarcada. Além de ser usado em cartões bancários e de identificação pessoal, é encontrado também nos celulares GSM (o chip localizado, normalmente, atrás da bateria). O *smartcard* possui capacidade de processamento, pois pode conter um microprocessador, e memória, que armazena vários tipos de informação na forma eletrônica, ambos com sofisticados mecanismos de segurança.

SMS: sigla de *Short Message Service*, Serviço de Mensagens Curtas. É um serviço disponível em telefones celulares, que permite o envio de mensagens de texto não muito longas (até 255 caracteres, também conhecidas como torpedos) entre os equipamentos compatíveis com esse serviço.

Software: programa para computadores e telefones celulares. Esses aparelhos se dividem em duas partes: a parte física, palpável, que é chamada de hardware, e a parte não física, os programas, criados para facilitar a realização de um trabalho específico pelas pessoas ou pelas máquinas, chamados de softwares ou aplicativos.

Software livre: ver "código aberto".

Streaming: fluxo de mídia, é uma forma de distribuir informação multimídia numa rede através de pacotes. Ela é frequentemente utilizada para distribuir conteúdo multimídia através da internet. Em *streaming*, as informações da mídia não são usualmente arquivadas pelo usuário que está recebendo a *stream* (a não ser a arquivação temporária no cache do sistema ou quando o usuário ativamente faz a gravação dos dados) – a mídia geralmente é constantemente reproduzida à medida que chega ao usuário, se a sua banda for suficiente para reproduzir a mídia em tempo real. Isso permite que um usuário reproduza mídia protegida por direitos autorais na internet sem a violação dos direitos, similar ao rádio ou televisão aberta.

T

Tablet: ver "computador portátil".

Tag: palavras-chave utilizadas na internet e no universo mobile para classificar/identificar conteúdos. Por exemplo, para um vídeo de natureza, poderiam ser usadas as tags: verde, meio ambiente, consciência, sustentabilidade.

TICs: as Tecnologias da Informação e Comunicação correspondem a todas as tecnologias que interferem e mediam os processos informacionais e comunicativos. Ainda podem ser entendidas como um conjunto de recursos tecnológicos integrados entre si, que proporcionam, por meio das funções de hardware, software e telecomunicações, a automação e comunicação dos processos de negócios, da pesquisa científica e de ensino-aprendizagem.

Torpedo: ver "SMS".

Truetones: ver "ringtones".

U

Ubiquidade: faculdade de estar presente em diversos lugares no mesmo instante; onipresença.

Upload: envio de dados de um computador, celular ou dispositi-

GLOSSÁRIO MOBILE

vo local, para outro, remoto. É também chamado de subir (Ex.: subi o a foto para o meu perfil no **MVMob**).

USB: *Universal Serial Bus* é um tipo de conexão "ligar e usar" que permite a conexão de periféricos sem a necessidade de desligar o computador.

Vídeo-chamada ou videoconferência: é uma tecnologia que permite o contato visual e sonoro entre pessoas que estão em lugares diferentes. Permite não só a comunicação entre um grupo, mas também a comunicação pessoa a pessoa. Pode ser realizada com o celular ou com o computador.

WAP: sigla para *Wireless Application Protocol*, Protocolo para Aplicações sem Fio. É um padrão internacional para aplicações que utilizam comunicações de dados digitais sem fio (internet móvel), como, por exemplo, o acesso à internet a partir de um telefone móvel. *WAP* foi desenvolvido para prover serviços equivalentes a um navegador web, com alguns recursos específicos para serviços móveis.

Wi-Fi: se refere à tecnologia de redes e dispositivos sem fio. O termo *Wi-Fi* foi escolhido como uma brincadeira com o termo *Hi-Fi (High Fidelity*, alta fidelidade).

111

Referências

Bibliografia e textos

ALMEIDA, Maria Elizabeth Bianconcini. Tecnologias na educação: dos caminhos trilhados aos atuais desafios. *BOLEMA – Boletim de Educação Matemática*, Número 29, página 21, 2008.

ALVES, J. *As 1001 utilidades de um celular*. In: *Portal EducaRede*. 2009. Disponível em: www.educared.org/educa/index.cfm?pg=revista_educarede. especiais&id_especial=420 Acesso em: 10/06/2010.

ANDERSON, Chris. YAMAGAMI, Cristina (TRAD.). *Free: grátis: o futuro dos preços*. Rio de Janeiro: Elsevier, 2009.

BAMBOZZI, Lucas. & BASTOS, Marcus. & MINELLI, Rodrigo (ORGs.) *Mediações, tecnologia e espaço público: panorama crítico da arte em mídias móveis.* São Paulo: Conrad Editora do Brasil, 2010.

BARBOSA, Alexandre. F. (Coord. Exec. e Edit.); *Pesquisa sobre o uso das tecnologias de informação e comunicação no Brasil: TIC Educação 2010*. São Paulo: Comitê Gestor da Internet no Brasil, 2011.

BARBOSA, Ana Mae. (ORG.). *Arte/Educação Contemporânea: consonâncias internacionais*. São Paulo: Cortez, 2005.

BEIGUELMAN, Giselle. *Link-se: arte/mídia/política/cibercultura*. São Paulo: Peirópolis, 2005.

CAMNITZER, Luis. & PÉREZ-BARREIRO, Gabriel. (ORGs.); PETIT, Gabriela. (TRAD.) *Educação para a arte Arte para a educação*. Porto Alegre: Fundação Bienal do Mercosul, 2009.

CARVALHO, Jaciara. de S. *Redes e comunidades: ensino-aprendizagem pela internet.* São Paulo: Editora e Livraria Instituto Paulo Freire, 1999. (Série cidadania planetária; 4)

CHARTIER, Roger. Língua e leituras no mundo digital. In: _____. *Os desafios da escrita*. São Paulo: Ed. Unesp, 2002.

COSCARELLI, Carla Viana. & RIBEIRO, Ana Elisa. (ORGs.) *Letramento digital: aspectos sociais e possibilidades pedagógicas.* 2ª Ed. Belo Horizonte: Ceale; Autêntica, 2007.

COSCARELLI, Carla Viana (ORG.). *Novas tecnologias, novos textos, novas formas de pensar.* 3ª Ed. Belo Horizonte: Autêntica, 2006.

FREIRE, Paulo. *A importância do ato de ler: em três artigos que se completam.* 45ª Ed. São Paulo: Cortez, 2003.

_____. *Educação e mudança.* São Paulo: Paz e Terra, 1979.

_____. *Pedagogia da autonomia: saberes necessários à prática educativa.* 25ª Ed. Rio de Janeiro: Paz e Terra, 2002.

_____. *Pedagogia do oprimido.* 17ª Ed. Rio de Janeiro: Paz e Terra, 1987.

_____. *Política e educação.* 7ª Ed. São Paulo: Cortez, 2003.

GIRARDELLO, Gilka. & FANTIN, Monica (ORGs.). *Práticas culturais e consumo de mídias entre crianças.* Florianópolis: UFSC/CED/NUP, 2009.

GOMEZ, Margarita Victoria. Educação em rede: uma visão emancipadora. *Guia da escola cidadã.* Volume 11. São Paulo: Cortez e Instituto Paulo Freire, 2004.

GUZZI, Drica. *Web e participação – A democracia no século XXI.* São Paulo: Editora Senac, 2010.

KENSKI, Vani Moreira. *Educação e tecnologias: o novo ritmo da informação.* Campinas: Papirus, 2007.

LEMOS, André. & LÉVY, Pierre. *O futuro da internet: em direção a uma ciberdemocracia planetária.* São Paulo: Paulus, 2010.

REFERÊNCIAS

LÉVY, Pierre. COSTA, Carlos Irineu da (TRAD.). *Cibercultura.* São Paulo: Editora 34, 1999.

MARÇAL, Edgar; ANDRADE, Rossana; RIOS, Riverson. Aprendizagem utilizando dispositivos móveis com sistemas de realidade virtual. In: *RENOTE – Revista Novas Tecnologias na Educação,* 3(1), Porto Alegre: UFRGS, Centro Interdisciplinar de Novas Tecnologias na Educação, maio de 2005.

MENDES, Lina. *Celular e expressão: um projeto para o uso dos dispositivos móveis na escola.* In: *CONGRESSO INTERNACIONAL DE TECNOLOGIA DA EDUCAÇÃO,* 8, 2010, Pernambuco, Recife: Ed. SENAC-PE, 2010, 1 CD. (ISSN: 1984-6355)

OLIVEIRA, Carlos A. R. *CelulArte: possibilidade literária em rede. Txt: leituras transdisciplinares de telas e textos.* Belo Horizonte: Ano 4, Número 8, jul./dez. 2008. Disponível em www.letras.ufmg.br/atelaeotexto/depoimento_carlos.html
Acesso em: 17/03/2012.

OROFINO, Maria Isabel. *Mídias e mediação escolar: pedagogias dos meios, participação e visibilidade. Guia da escola cidadã.* Volume 12. São Paulo: Cortez e Instituto Paulo Freire, 2005.

PASSARELLI, Brasilina. *Interfaces digitais na educação: alucinações consentidas.* São Paulo: Escola do Futuro : USP, 2007.

PERES, Wilson; HILBERT, Martin (ORGs.). La sociedad de la información en América Latina y el Caribe: Desarrollo de las tecnologías y tecnologías para el desarrollo. Santiago: Cepal, 2009.

PHEBO, A.G. *O Celular Como Material Didático.* Disponível em: http://aphebo.webnode.com//. Acesso em: 10/06/2010.

PRADO, Maria Elisabette Brisola Brito; SILVA, Maria da Graça Moreira. Formação de educadores em ambientes virtuais de aprendizagem. *Em Aberto,* Brasília: 22(79), pp. 61-74, jan. 2009.

REVISTA EDUCAÇÃO. Chegou a era da portabilidade. Out/2011.

SACCOL, A. Z. ; SCHLEMMER, E. ; BARBOSA, Jorge Luis Victória. *M-learning e U-learning: novas perspectivas da aprendizagem móvel e ubíqua*. São Paulo: Pearson Education, 2010.

SILVA, Maria da Graça Moreira da; CONSOLO, Adriane Treitero. Mobile learning: uso de dispositivos móveis como auxiliar na mediação pedagógica de cursos a distância. In: OSÓRIO, Antonio José; DIAS, Paulo. *Ambientes educativos emergentes*. Minho: Universidade do Minho, 2008.

SILVA, Maria da Graça Moreira. De navegadores a autores: a construção do currículo no mundo digital. In: *Anais do ENDIPE*. Belo Horizonte: 2010.

VALDIVIA, Ignacio Jara. *Las políticas de tecnología para escuelas en América Latina y el mundo: visiones y lecciones*. Santiago: ONU, 2008.

Links Virtuais

🔗 A ESCOLA EM MOVIMENTO – depoimentos de educadores
Disponível em: www.mvmob.com.br/trabalho#!a-escola-em-movimento-1 Acesso em: 15/03/2012.

🔗 DESAFIOS DA MOBILIDADE – USO DE LAPTOPS, TABLETS E CELULARES NA EDUCAÇÃO
Disponível em: www.mvmob.com.br/trabalho#!desafios-da-mobilidade-uso-de-laptops-tablets-e-celulares-na-educacao-i
www.mvmob.com.br/u#!Merije/trabalho/desafios-da-mobilidade-uso-de-laptops-tablets-e-celulares-na-educacao-ii
www.mvmob.com.br/u#!Merije/trabalho/desafios-da-mobilidade-uso-de-laptops-tablets-e-celulares-na-educacao-iii
Acesso em: 17/03/2012.

🔗 FUNÇÃO DOCENTE NO SÉCULO XXI – TECNOLOGIA E EDUCAÇÃO
Disponível em: www.mvmob.com.br/trabalho#!funcao-docente-no-seculo-xxi-tecnologia-e-educacao-2 Acesso em: 17/03/2012.

🔗 MINHA VIDA MOBILE – MVMob
Disponível em www.mvmob.com.br

🔗 O USO DAS TECNOLOGIAS EM SALA DE AULA
Disponível em: www.mvmob.com.br/u#!Merije/trabalho/o-uso-das-tecnologias-em-sala-de-aula-4 Acesso em: 15/03/2012.

🔗 PORTAL DO MEC (MINISTÉRIO DA EDUCAÇÃO)
Disponível em http://portal.mec.gov.br

🔗 PROINFO (PROGRAMA NACIONAL DE TECNOLOGIA EDUCACIONAL)
Disponível em http://portal.mec.gov.br/index.php?option=com_content&view=article&id=244&Itemid=462

Filmes que podem servir de subsídio pedagógico

FILME	FICHA TÉCNICA	SINOPSE
Criança, a alma do negócio	**Direção:** Estela Renner **Roteiro:** Estela Renner e Renata Ursaia **Gênero:** Documentário Brasil, 2008 49 min.	Este documentário reflete sobre o consumismo infantil e mostra como, no Brasil, a criança se tornou a alma do negócio para a publicidade. A indústria descobriu que é mais fácil convencer uma criança do que um adulto, então as crianças são bombardeadas por propagandas que estimulam o consumo e que falam diretamente com elas.
Entre os muros da escola	**Direção:** Laurent Cantet **Roteiro:** Laurent Cantet, Robin Campillo, François Bégaudeau **Gênero:** Drama França, 2008 128 min.	Baseado em livro homônimo de François Bégaudeau, em que relata sua experiência como professor de francês em uma escola de ensino médio na periferia parisiense, lugar de mistura étnica e social.
Pro dia nascer feliz	**Direção:** João Jardim **Gênero:** Documentário Brasil, 2006 88 min.	Definido pelo próprio diretor como "um diário de observação da vida do adolescente no Brasil em seis escolas", *Pro dia nascer feliz* flagra o dia a dia e adentra a subjetividade de alunas e professores de Pernambuco, São Paulo e Rio de Janeiro. As entrevistas são intercaladas com sequências de observação do ambiente das escolas. Sem exercer interferência direta, a câmera flagra salas de aula, esquadrinha corredores, pátios e banheiros, testemunha uma reunião de conselho de classe (onde os professores decidem o destino curricular dos alunos "difíceis") e momentos de relativa intimidade pessoal.

Quem quer ser um milionário?	**Direção:** Danny Boyle **Roteiro:** Simon Beaufoy, baseado em livro de Vikas Swarup. **Gênero:** Drama EUA / Inglaterra, 2008 120 min.	Jamal Malik tem dezoito anos, vem de uma família das favelas de Mumbai, Índia, e está prestes a experimentar um dos dias mais importantes de sua vida. Visto pela TV por toda a população, Jamal está a apenas uma pergunta de conquistar o prêmio de 20 milhões de rúpias na versão indiana do programa Who Wants To Be A Millionaire? No entanto, no auge do programa, a polícia prende o jovem Jamal por suspeita de trapaça. A questão que paira no ar é: como um rapaz das ruas pode ter tantos conhecimentos?
Narradores de Javé	**Direção:** Eliane Café **Roteiro:** Eliana Café e Luis Alberto de Abreu **Gênero:** Comédia Brasil/França, 2003 100 min.	Moradores de Javé, povoado ameaçado de extinção – pois será encoberto pelas águas de nova hidrelétrica – se unem para reconstruir, com testemunhos da memória oral, sua história. E o fazem com muito humor e picardia, ora com grandeza épica, ora com deboche. O presepeiro Antônio Biá faz as vezes de um Homero sertanejo.
Tempos modernos	**Direção e roteiro:** Charles Chaplin **Gênero:** Comédia EUA, 1936 87 min.	Um trabalhador de uma fábrica tem um colapso nervoso, ao trabalhar de forma quase escrava. É levado para um hospício e, quando retorna para a "vida normal", para o barulho da cidade, encontra a fábrica já fechada.
A língua das mariposas	**Direção:** José Luis Cuerda **Gênero:** Drama Espanha, 1999 96 min.	Espanha, 1936. Moncho, um garoto de oito anos, tem medo de ir para a escola, porque ficou sabendo que os professores batem nas crianças. Até que seu novo professor começa a dar aulas ao garoto em sua casa. Aos poucos, o menino conhece o professor e fica fascinado por seu caráter e por sua sabedoria. Porém, quando explode a Guerra Civil Espanhola, o garoto desespera-se ao saber que seu mestre é perseguido.

FILMES

The Wall	**Direção:** Alan Parker **Roteiro:** Roger Waters **Gênero:** Musical Reino Unido, 1982 95 min.	A história de The Wall é contada com simplicidade pela música do Pink Floyd, imagens e efeitos naturais. Não há diálogos convencionais para conduzir a narrativa. Trata-se da história de Pink, um roqueiro, que fica trancado dentro de um quarto de hotel em Los Angeles. Lentamente, ele se retira do mundo real e desliza mais para dentro de seu pesadelo, à medida que se imagina como um demagogo insensível, para o qual tudo que resta é a demonstração de poder sobre sua audiência não pensante, a culminação do excesso odioso de seu próprio mundo e do mundo à sua volta. O que se segue é o seu julgamento interno, tendo como testemunhas de sua vida as mesmas pessoas que contribuíram na construção do "muro" e que se apresentam e testemunham contra ele.
A história das coisas	**Direção:** Louis Fox **Gênero:** Documentário EUA, 2007 20 min.	Da extração e produção até a venda, consumo e descarte, todos os produtos em nossa vida afetam comunidades em diversos países, a maior parte delas longe de nossos olhos. *História das coisas* revela as conexões entre diversos problemas ambientais e sociais e é um alerta pela urgência em criarmos um mundo mais sustentável e justo.
Surplus	**Direção:** Erik Gandini **Gênero:** Documentário Itália/Cuba/EUA/ Noruega, 2005 52 min.	Um documentário diferente sobre o consumo exagerado. Um quinto da população mundial consome quatro quintos dos recursos do planeta Terra e produz 86% de todo desperdício. Os diretores exploram o assunto através de muita música, cinemas e de um jeito alegre. Cabem o famoso discurso do ex-presidente Bush encorajando as compras e uma garota de Cuba, que sonha com um Big Mac.

O jarro	**Direção e Roteiro:** Ebrahim Foruzesh **Gênero:** Drama Irã, 1992 83 min.	Em uma escola do deserto, o jarro que serve para as crianças matarem a sede trinca. Isso mobiliza as pessoas da aldeia, cada uma com uma reação diferente. Filmado com atores não profissionais, em uma aldeia do escaldante deserto iraniano.
Ilha das Flores	**Direção e roteiro:** Jorge Furtado **Gênero:** Documentário/Drama Brasil, 1989 13 min.	Este filme retrata a sociedade atual, tendo como enfoque seus problemas de ordem social, econômica e cultural, na medida em que contrasta a força do apelo consumista, os desvios culturais retratados no desperdício e o preço da liberdade do homem, enquanto um ser individual e responsável pela própria sobrevivência. Torna evidente, ainda, todos os excessos decorrentes do poder exercido pelo dinheiro, numa sociedade onde a relação opressão e oprimido é alimentada pela falsa ideia de liberdade de uns, em contraposição à sobrevivência.
Mãos talentosas	**Direção:** Thomas Carter **Gênero:** Drama, Biografia Estados Unidos, 2009 90 min.	Ben Carson era um menino pobre de Detroit, desmotivado, que tirava más notas na escola. Entretanto, aos 33 anos, ele se tornou o diretor do Centro de Neurologia Pediátrica do Hospital Universitário Johns Hopkins, em Baltimore, EUA. Em 1987, o Dr. Carson alcançou renome mundial por seu desempenho na bem-sucedida separação de dois gêmeos siameses, unidos pela parte posterior da cabeça – uma operação complexa e delicada, que exigiu cinco meses de preparativos e 22 horas de cirurgia. Sua história, profundamente humana, descreve o papel vital que a mãe, uma senhora de pouca cultura, mas muito inteligente, desempenhou na metamorfose do filho, de menino de rua a um dos mais respeitados neurocirurgiões do mundo.

OUTROS FILMES

Verônica
(Dir. Mauricio Farias, 2009)

5 vezes favela: agora por nós mesmos
(Vários diretores, 2010),

O pequeno Nicolau
(Dir. Laurence Tirard, 2009)

Laranja mecânica
(A Clockwork Orange, Dir. Stanley Kubrick, 1971)

Preciosa
(Dir. Lee Daniels, 2009)

Ficha técnica

▶ Copyright © 2012 Wagner Merije

▶ Editora
Renata Farhat Borges

▶ Editora assistente
Lilian Scutti

▶ Colaboração
Roberta Scatolini

▶ Produção editorial e gráfica
Carla Arbex

▶ Projeto gráfico e capa
Paulica Santos

Editado conforme o Acordo Ortográfico da Língua Portuguesa de 1990.
1ª edição, 2012

Dados Internacionais de Catalogação na Publicação (CIP)
(Câmara Brasileira do Livro, SP, Brasil)

Merije, Wagner
   Mobimento: educação e comunicação mobile/
Wagner Merije. – São Paulo: Peirópolis, 2012.

   ISBN 978-85-7596-262-6

   1. Educação a distância 2. Sistemas de
   comunicação móveis na educação 3. Telefone celular
   na educação I. Título.

12-06005   CDD-371.33

   Índices para catálogo sistemático:
    1. Mobimento: Educação e comunicação mobile
       371.33
    2. Sistemas de comunicação na educação   371.33

Editora Peirópolis | 11 3816-0699 | R. Girassol, 128, São Paulo, 05433-000
www.editorapeiropolis.com.br

DEDICADO A

> todos os que contribuíram para este livro, aos participantes do projeto Minha Vida Mobile - MVMob e ao meu pai, José de Abreu Araújo (in memorian)

AGRADECIMENTOS

> Roberta Scatolini, Neide Scatolini, Luiz Gonçalves, Janaína Abreu, Joanilson Ribas, Renata Aquino, Marcelo Alonso, Luciana Tonelli e toda Família MVMob.

Este livro foi impresso com papéis provenientes de áreas de manejo social, ambiental e economicamente responsável.

www.editorapeiropolis.com.br

MISSÃO

Contribuir para a construção de um mundo mais solidário, justo e harmônico, publicando literatura que ofereça novas perspectivas para a compreensão do ser humano e do seu papel no planeta.

A gente publica o que gosta de ler:
livros que transformam.